文化产业管理：
理论与实践

主 编 冯文华

北京理工大学出版社
BEIJING INSTITUTE OF TECHNOLOGY PRESS

内容摘要

本书是聚焦文化产业管理的新形态教材。本书包括八大模块，重视理论联系实践，首先介绍文化产业管理的基本知识，然后结合当代文化产业发展需要，着重阐述品牌管理、知识产权保护、博物馆文创产业、艺术品产业、图书出版业、文化旅游产业等方面的内容。本书采用模块化的编排，由案例导入、案例分析、思政园地、模块自测等构成。同时，融合二维码扫描、视频讲解、线上慕课等数字化技术和资源，丰富学习体验，增强学习效果。

本书可作为普通高等院校文化产业管理及相关专业的教材，也可作为文化产业从业人员的参考书。

版权专有　侵权必究

图书在版编目（CIP）数据

文化产业管理：理论与实践 / 冯文华主编. -- 北京：北京理工大学出版社，2024.4
ISBN 978-7-5763-3333-6

Ⅰ. ①文… Ⅱ. ①冯… Ⅲ. ①文化产业－管理－教材 Ⅳ. ①G114

中国国家版本馆CIP数据核字（2023）第249833号

责任编辑：王梦春		文案编辑：邓　洁	
责任校对：刘亚男		责任印制：王美丽	

出版发行 / 北京理工大学出版社有限责任公司
社　　址 / 北京市丰台区四合庄路6号
邮　　编 / 100070
电　　话 /（010）68914026（教材售后服务热线）
　　　　　（010）68944437（课件资源服务热线）
网　　址 / http://www.bitpress.com.cn
版 印 次 / 2024年4月第1版第1次印刷
印　　刷 / 河北鑫彩博图印刷有限公司
开　　本 / 787 mm×1092 mm　1/16
印　　张 / 10.5
字　　数 / 178千字
定　　价 / 78.00元

图书出现印装质量问题，请拨打售后服务热线，负责调换

PREFACE
前言

文化是一个国家、一个民族的灵魂。文化兴则国运兴，文化强则民族强。没有文化的高度自信和繁荣兴盛，就没有中华民族的伟大复兴。文化产业集中体现了一个国家基于文化而具有的凝聚力和生命力，以及由此产生的吸引力和影响力，成为衡量一个国家综合竞争力的重要标志。党的二十大报告从国家发展、民族复兴高度，进一步提出"推进文化自信自强，铸就社会主义文化新辉煌"的重大任务，并就"繁荣发展文化事业和文化产业"做出了相关部署和安排，为做好新时代文化工作提供了根本遵循、指明了前进方向。

为全面贯彻党的二十大会议精神，从中央到地方，我国正在推动各类文化市场主体发展壮大，文化产业的管理实践不断推陈出新，文化创意产业、文化旅游产业、数字文化产业等新业态不断涌现。在不断满足人们日益增长的美好精神文化需求的背景下，文化品牌、知识产权、艺术品市场、美丽乡村等在文化产业中的重要地位日益凸显。

发展文化产业，人才是关键。为了适应新形势下我国文化产业发展对于人才的新需求和新要求，与时俱进，结合编者近二十年的教学和科研实践的经历和体会，尝试开展了本书的编写工作。本书特色主要体现在：

（1）理论与实践相融合。本书编写以就业为导向，旨在培养专业知识扎实、管理能力强的复合型职业型人才。内容体系上保持了文化产业管理学科的基本理论框架和知识体系的科学性和完整性，同时突出文化产业管理实务的实践性和实用性。

（2）案例选择与时俱进。在案例的选择上，强调鲜活的时代感，既特别关注与文化产业发展息息相关的文化品牌、知识产权、数字阅读、影视娱乐、国宝回家等问题，也涉及新媒体与新经济条件下的文化产业的新形态，如博物馆文创、文旅融合、乡村振兴等行业，使教材具有前沿性、时代性和趣味性。

（3）思政育人实效性强。教材以促进学生全面发展、增强综合素质为目标，将课程思政的新理念、新方法有机融入其中。一方面凝练文化产业中蕴含的思政育人元素，使之与教材内容有机融合；另一方面，每单元后均独辟思政园地作为单元小结，凸显专业教材的培根铸魂、启智增慧的育人功能。

（4）教材编排结构新颖。本书秉持以读者为中心理念，采用模块化的编排，内容呈现结构性强、新颖独特，并充分利用互联网、二维码等技术，将纸质教材与数字化资源等充分融合，有助于丰富学习体验，增强主动学习，巩固学习效果，体现新形态教材建设的时代要求。

本书在编写过程中，借鉴了相关教材和研究的新成果、新进展，浙江经济职业技术学院李颖吉老师为模块八提供了典型的比赛案例资料，浙江经济职业技术学院朱红亮教授、潘军教授以及殷锐、王云裳、吕云等老师提供了重要指导和帮助，在此深表感谢！

由于编者水平有限，书中疏漏、不妥之处敬请广大读者批评指正。

编　者

CONTENTS 目 录

模块一　文化产业管理基础 // 1

单元一　文化产业概述 // 2

一、文化产业的内涵 // 2
二、文化产业的特征 // 6
三、文化产业与文化创意产业 // 7
四、管理与文化产业管理的概念与特点 // 8

单元二　我国文化产业的管理模式 // 10

一、我国文化产业发展的概况 // 10
二、我国文化产业管理的发展特点 // 11
三、我国文化产业管理存在的问题 // 13

单元三　西方国家文化产业管理模式 // 14

一、以美国为代表的"市场取向型"管理模式 // 15
二、以日本、韩国为代表的"政府引领型"管理模式 // 15
三、以法国为代表的"多元交叉型"管理模式 // 16
四、以英国为代表的"政府与市场并重型"管理模式 // 16

模块二　文化产业的品牌管理 // 20

单元一　品牌概述 // 21

一、品牌的定义 // 21

二、品牌的起源与发展 // 22

　　三、品牌的内涵 // 23

　　四、文化产业品牌的特征 // 24

单元二　文化产业品牌的命名 // 25

　　一、我国品牌命名的现状与困境 // 25

　　二、品牌命名的原则 // 26

单元三　文化产业品牌的打造与传播 // 29

　　一、文化产业品牌的打造 // 29

　　二、文化产业品牌的传播 // 31

单元四　文化产业品牌管理案例 // 32

　　一、拥有版权、保护版权 // 33

　　二、注重品牌的演绎和延伸 // 33

　　三、开拓作品的传播渠道 // 34

　　四、利用新技术，创造新典范 // 34

模块三　文化产业知识产权管理 // 37

单元一　知识产权概述 // 38

　　一、知识产权的概念 // 38

　　二、知识产权的内容 // 39

　　三、知识产权的特征 // 39

单元二　文化产业的知识产权 // 40

　　一、文化产业的核心是版权产业 // 40

　　二、文化产业依赖于知识产权的保护 // 41

　　三、知识产权管理制度还需完善 // 42

　　　　四、增强全社会尊重和保护知识产权的意识　// 43

单元三　文化产业知识产权管理案例　// 44

　　　　一、著作权侵权问题　// 45

　　　　二、企业需加强自身监督与管理　// 45

　　　　三、创意可贵，值得尊重　// 45

单元四　文化产业知识产权管理案例　// 46

模块四　博物馆文创产业管理　// 50

单元一　博物馆文创产业概述　// 52

　　　　一、博物馆文创的定义　// 52

　　　　二、博物馆文创产业界定、发展意义与发展历程　// 52

　　　　三、博物馆文创产业存在的问题　// 55

单元二　欧美博物馆文创产品的开发　// 57

　　　　一、美国纽约大都会博物馆　// 57

　　　　二、大英博物馆　// 59

单元三　国内博物馆文创产业的发展　// 61

　　　　一、北京故宫文创发展的时代背景　// 62

　　　　二、北京故宫文创的开发策略　// 63

　　　　三、北京故宫文创的营销方式　// 66

单元四　新时代民营美术馆经营模式的创新与转型　// 70

　　　　一、杭州国大·恒庐美术馆经营模式转型的背景　// 72

　　　　二、新时代杭州国大·恒庐美术馆经营模式的创新　// 74

模块五　艺术品经营管理　// 79

单元一　艺术品和文物概述　// 80

一、艺术和艺术品的定义　// 80

二、文物的相关概念　// 81

单元二　艺术品的有序流转与管理　// 84

一、艺术品的有序流转　// 85

二、艺术品的无序流转　// 87

单元三　艺术品无序流转的案例　// 88

一、盗墓屡禁不止的原因　// 90

二、盗墓产生的危害　// 92

单元四　艺术品真伪鉴定的案例　// 94

模块六　图书出版业管理　// 98

单元一　图书出版业管理　// 99

一、新时代图书出版业的现状　// 99

二、图书出版业的管理和发展　// 102

单元二　线下实体书店管理　// 105

一、实体书店现状概述　// 105

二、西西弗书店的营销策略　// 106

三、小结　// 110

单元三　时尚类图书管理　// 111

一、图书是一种特殊商品　// 111

二、梁晓声图书《人世间》让文学成为爆款 IP　//　111

单元四　少儿图书品牌的构建　//　114

一、优质内容　//　114

二、儿童本位　//　115

三、恰当营销　//　116

模块七　广播影视业管理　//　120

单元一　广播影视业概述　//　122

一、广播影视业的含义　//　122

二、广播影视业的构成　//　122

三、广播影视业的现状　//　123

四、广播影视业发展面临的机遇和挑战　//　125

单元二　影视作品营销　//　127

一、电影《长津湖》基本概况　//　127

二、电影《长津湖》的营销策略　//　128

三、电影《长津湖》营销启示　//　130

单元三　纪录片的营销　//　132

一、纪录片《我在故宫修文物》基本概况　//　133

二、纪录片《我在故宫修文物》的营销策略　//　133

三、纪录片《我在故宫修文物》带来的启示　//　135

模块八　文化旅游产业管理　//　138

单元一　文化旅游产业发展概述　//　139

一、文化旅游产业融合的政策背景　//　139

二、文化旅游产业的基本内涵　// 140

　　三、文化旅游产业发展现状　// 141

单元二　地方特色文化在古镇旅游中的开发与利用　// 144

　　一、乌镇旅游开发概况　// 144

　　二、乌镇文化旅游经营模式　// 145

单元三　文旅融合赋能乡村振兴　// 148

　　一、文旅融合赋能乡村振兴的时代背景　// 148

　　二、横港村：文化艺术融入乡村发展　// 149

单元四　大学生乡村振兴创意大赛案例　// 151

　　一、大赛背景　// 151

　　二、第五届浙江省大学生乡村振兴创意大赛案例分享　// 151

参考文献　// 156

模块一 文化产业管理基础

案例导入

文化产业是新兴产业，也是朝阳产业

文化产业是一个新兴产业，也是一个朝阳产业。短视频《一禅小和尚》的爆火，使我们领略到了 IP 背后蕴藏的不可估量的市场潜力；《花千骨》同名手游的成功，验证了优质 IP 的巨大价值；网络小说《吞天记》IP 手游运营合作权拍出亿元天价；《大鱼海棠》点燃了中国动漫风，使更多拥有创造能力的设计者、创作者为之迷恋和疯狂，2022年北京冬奥会吉祥物冰墩墩成功"出圈"，更成为一代"顶流"，甚至在数月后热度依旧居高不下。在"十三五""十四五"国家战略规划中，推动文化产业高质量发展已经成为国家发展战略的重要组成部分。

资料来源：文化产业是新兴产业，也是朝阳产业 [EB/OL].[2020-11-17].

案例分析： 文化产业集中体现了一个国家基于文化而具有的凝聚力和生命力，以及由此产生的吸引力和影响力，它在提升国家文化软实力方面发挥着独特的作用。党的十九大以来，我国文化产业获得了日新月异的发展，文化产业在国民经济中所占的比重日益剧增，在促进经济转型和升级、满足人民精神文化生活新需求，以及坚定文化自信、增强中华民族的凝聚力和影响力等方面发挥了重要作用。理清文化产业的相关概念、基本要素和特点，了解我国文化产业管理的现状和存在的问题，同时，借鉴其他国家文化产业管理的模式，对于我国文化产业健康持续的发展具有重要的现实意义。

学习目标

知识目标

1. 了解文化、文化市场和文化产业的基本概念；
2. 理解文化产业及其管理的特征；
3. 熟悉不同国家文化产业管理的模式。

能力目标

1. 能够分辨不同国家文化产业概念内涵的异同；
2. 能够准确分析我国当下文化产业存在的问题；
3. 能够举例说明我国文化产业管理模式和西方国家的差异。

素养目标

1. 树立正确的人生观、价值观和世界观；
2. 培养独特的文化感知能力；
3. 提高对文化产业的认知和兴趣。

单元一 文化产业概述

十九大报告指出，文化是一个国家、一个民族的灵魂。文化兴国运兴，文化强民族强。没有高度的文化自信，没有文化的繁荣兴盛，就没有中华民族的伟大复兴。党的十九届五中全会明确提出把"建成文化强国"作为2035年的文化发展目标，其中一个重要的举措就是要健全现代文化产业体系，加强文化市场体系建设，扩大优质文化产品供给。那么什么是文化产业？文化产业又有哪些特征？

视频：何为文化？

一、文化产业的内涵

"文化产业"的概念起源于对"大众文化"的批判。法兰克福学派的阿多诺（Theodor

Adono）和霍克海默（Max Horkheimer）在 1947 年出版的《启蒙辩证法》一书中首次提出了"文化产业"的概念。他们认为"文化产品在工厂中凭借现代科学技术手段，以标准化、规格化的方式被大量生产出来，并通过电影、电视、广播、杂志、报纸等大众传播媒介传递给消费者，最终使文化不再扮演激发否定意识的角色，反而成为统治者营造满足现状的社会控制工具。因此，文化产业必须与大众文化严格区分开"。"文化产业"这一概念自诞生以来，其理论和实践研究便受到了学术界和各国政府的高度关注，但是，当前国际上对文化产业的概念界定及分类标准并没有形成统一的意见（图1-1）。各个国家或地区大都沿袭各自的传统来界定文化产业，大体上有以下四种主要称谓。

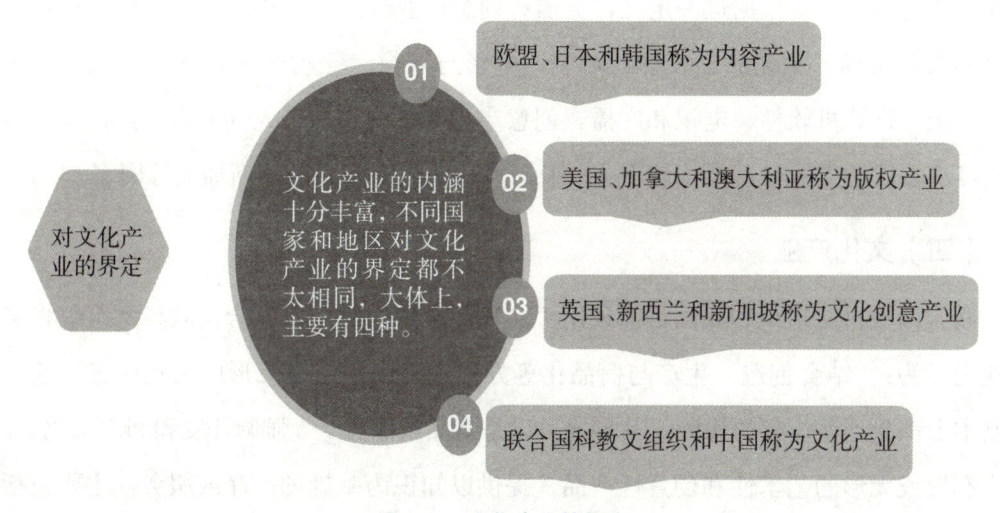

对文化产业的界定：文化产业的内涵十分丰富，不同国家和地区对文化产业的界定都不太相同，大体上，主要有四种。

01 欧盟、日本和韩国称为内容产业
02 美国、加拿大和澳大利亚称为版权产业
03 英国、新西兰和新加坡称为文化创意产业
04 联合国科教文组织和中国称为文化产业

图 1-1　文化产业的界定

（一）内容产业

"内容产业"是欧盟在 2000 年的信息规划中提出的概念，指的是"制造、开发、包装和销售信息产品及其服务的行业"，它主要包括"各种媒介上所传播的印刷品内容（图书、报纸、杂志等），音像电子出版物内容，音像传播内容，用作消费的各种数字化软件等"。内容产业主要是强调现代信息技术应用的视听传媒业。欧盟、日本、韩国等国家倾向于使用这一称谓。

（二）版权产业

文化产业的核心是版权，其发展依赖知识产权的保护。因此，版权产业是指依靠著作权法和相关法律保护下生存与发展的产业。其主要包括出版、广播、电影、电视、图书、杂志、音像等在内的印刷、生产、制作、广告及发行，以及软件与数据库等内容。

它是美国、加拿大、澳大利亚等国家对文化产业的概述性表达,尤其值得一提的是版权产业在美国的经济发展中具有重要的意义。以版权为核心的文化产业是美国国民经济的主导产业之一,在国民经济发展中具有举足轻重的地位。"版权产业"的特点在于高度关注知识产权的归属和保护,强调版权是财产的一种形式。

(三)创意产业

创意产业最早源于英国,1998年出台的《英国创意产业路径文件》将"创意产业"定义为:"源自个人创意、技巧及才华,通过知识产权的开发和运用,具有创造财富和就业潜力的行业。"根据这一定义,英国将创意产业分为十三类,包括广告、建筑、艺术品和古玩市场、工艺品、设计、时装、电影与录像、互动休闲软件、音乐、表演艺术、出版、计算机软件、电视和广播。创意产业推崇创新和个人创造力,强调文化和艺术对经济发展的支持与贡献,使用这一概念表述的还有新西兰和新加坡等国家。

(四)文化产业

联合国教科文组织和我国目前采用"文化产业"的称谓,联合国教科文组织将文化产业定义为:"结合创造、生产与商品化等方式,运用本质是无形的文化内容,这些内容基本上都受到著作权的保障,其形式可以是货品或服务。"强调开发和利用文化资产,生产有形或无形的艺术性和创意性产品,提供以知识为基础的产品或服务,主要包括新闻服务、出版发行、广播、电视等文化产品生产行业,以及与之相关的文化服务、文化用品,设备及相关文化产品的生产销售行业。

我国将文化产业界定为从事文化产品生产和提供文化服务的经营性行业。根据国家统计局《文化及相关产业分类(2018年)》,文化产业分为9个大类,其中包括文化核心领域6大类、25个中类,文化相关领域3大类、18个中类。具体分类见表1-1。

视频:文化产业相关概念辨析

表1-1 国家统计局发布《文化及相关产业分类(2018)》

文化产业	文化核心领域	一、新闻信息服务	1.新闻服务 2.报纸信息服务 3.广播电视信息服务 4.互联网信息服务(包括互联网搜索服务、互联网其他信息服务)

续表

文化产业	文化核心领域	二、内容创作生产	5.出版服务 6.广播影视节目制作 7.创作表演服务 8.数字内容服务 9.内容保存服务（包括图书馆、档案馆、文物及非物质文化遗产保护、博物馆、烈士陵园、纪念馆等） 10.工艺美术品制造 11.艺术陶瓷制造
		三、创意设计服务	12.广告服务 13.设计服务
		四、文化传播渠道	14.出版物发行 15.广播电视节目传输 16.广播电视发行放映 17.艺术表演 18.互联网文化娱乐平台 19.艺术品拍卖及代理 20.工艺美术品销售
		五、文化投资运营	21.投资与资产管理 22.运营管理
		六、文化娱乐休闲服务	23.娱乐服务 24.景区游览服务 25.休闲观光游览服务
文化产业	文化相关领域	七、文化辅助生产和中介服务	26.文化辅助用品制造 27.印刷复制服务 28.版权服务 29.会议展览服务 30.文化经纪代理服务 31.文化设备（用品）出租服务 32.文化科研培训服务
		八、文化装备生产	33.印刷设备制造 34.广播电视电影设备制造及销售 35.摄录设备制造及销售 36.演艺设备制造及销售 37.游乐游艺设备制造 38.乐器制造及销售

续表

	九、文化消费终端生产	39.文具制造及销售 40.笔墨制造 41.玩具制造 42.节庆用品制造 43.信息服务终端制造及销售（BJCCT-HJ）

（来源：国家统计局关于印发《文化及相关产业分类（2018）》的通知，国统字〔2018〕43号）

二、文化产业的特征

在文化产业迅速发展的今天，正确认识文化产业的特征，辨析文化产业与其他产业的差异，才能有效对文化产业进行经营和管理。

（一）文化产业是大众产业

文化产业的核心概念是文化，这个文化不是指一般意义上的历史文化，而是指针对大众需求的创意文化和娱乐内容，是充盈和愉悦大众精神世界的食粮。文化产业的大众性意味着它所面对的是大众而非少数精英群体，文化产业既然是服务大众的，这就需要文化产品具有通俗易懂性。一般来说，具有娱乐性、体验性、参与性和时尚性的产品往往最容易被大众喜欢和接受。

（二）文化产业是内容产业

文化产业有时又被称之为"内容产业"，"内容为王"是文化产业结构的重要特征。所谓"内容为王"，就是具有创意的内容决定了文化产品和服务附加值的高低，它是文化产业最主要的价值源泉。内容决定文化产品的经济效益，随着消费市场的升级，用户为高质量产品和服务付费的意愿与能力在不断提升，这也正是人们对美好生活的追求和向往的体现，如一些付费音乐、付费阅读及各种付费平台的不断涌现，正体现了用户对优质内容产品的期盼。好的内容是文化产业的核心竞争力，也是现代人生活中必不可少的精神食品。

（三）文化产业是创新产业

文化产业不仅是继承文化遗产，或者对历史文化的还原和再现，而是要靠创新或创意内容来提供文化产品和服务。它需要利用现代文化产业的方式、技术手段从历史文化中挖掘有价值的元素，通过创意进行重组、加工和再生产。因此，对于优秀传统文化既要传承，更要注重创新，只有这样才能为传统文化注入新的动力和活力。近些年来，随着文化产业的快速发展，文化产品同质化现象严重，尤其是在玩具、旅游纪念品和工艺美术品领域出现很多模仿、跟风等现象，缺乏创意，再加上做工粗糙，很难引起消费者的购买欲望，不仅不能形成规模效益，还很容易被市场淘汰。

（四）文化产业是知识密集型产业

知识是文化产业增长的重要因素，人的知识、智慧和创意是文化产业的内核，是文化产业经济效益的直接来源。文化产业人才是文化产业核心竞争力的载体，其中创意人才、科技人才、经纪人才和经营管理人才等人力资源在文化产业中占有重要的地位。在文化产业发展如火如荼的时代，人才无疑是最受欢迎、最为短缺的资源。因此，努力培养出富有想象力和创造力，勇于突破常规且有经营管理能力的人才是高校、社会及政府共同的职责，也是当下十分迫切的问题。

三、文化产业与文化创意产业

需要注意的是，提到文化产业的定义时，很容易将其与文化创意产业相联系。有些国家甚至将文化产业等同于文化创意产业，实际上文化产业和文化创意产业既有区别又有联系（图 1-2）。

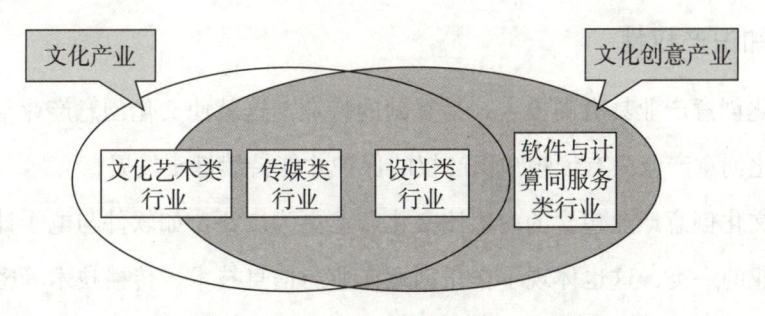

图 1-2 文化产业与文化创意产业关系图

我国较早使用"文化创意产业"的是台湾地区，该地区将这一概念描述为"源自创意和文化积累，通过智慧财产的形式与运用，具有创造财富与就业机会潜力，并促进整体生活提升之行业"。2006 年 9 月 13 日，国务院办公厅印发了《国家"十一五"时期文化发展纲要》，"文化创意产业"这一概念首次出现在了国家重要文件之中。因此，从时间上来看"文化创意产业"是在"文化产业"之后出现的，它是随着科技的发展和人类文明的进步，顺应新的产业形态而出现的新概念，是人类社会发展到一定阶段的产物，体现出与以往传统产业不同的特点。

（一）创意性

文化创意产业以创意为核心，创意是文化创意产业的生命线，文化创意产品最忌讳陈词滥调，它在总体上必须凸显出"人无我有，人有我优"的基调和特色，才能带动消费者，才能在市场上获得超值的效益。

（二）不确定性

文化创意产业生产更多的是富有精神性、娱乐性的文化产品。随着生活水平的提高，人们对精神性产品的需求量也在不断增加，但是对于每个具体的文化产品，如小说、戏剧、动漫、电影等，消费者的需求又因为文化差异、个体嗜好、传播途径、社会环境等不同而存在很大的不确定性，大大增加了文化创意产品在投资上的风险性，好比最著名的导演也没有办法保证他拍摄的每一部电影都受到大众的喜爱。

（三）跨界性

文化创意产业通过跨界的形式，打破第二、第三产业的界限，促成不同行业、不同领域的重组和合作，开拓了诸如建筑设计创意、时尚消费创意、文化艺术创意、文化创意和设计服务、文化休闲和娱乐服务等新的产业增长形态，促进了社会机制的全面创新。

（四）知识产权性

由于文化创意产业具有高投入、易复制的特点，这就使文化创意产业与知识产权息息相关，文化创意产业只有依赖知识产权的保护才能持续健康发展。

另外，文化创意产业包含的内容比文化产业更为广泛，如软件与电子计算机也属于文化创意产业的一类。这也体现了文化创意产业与信息技术、传播技术等密切相关，它是经济、文化、科技、资本等相互融合的活动过程，涵盖了更加广阔的文化经济活动，也为具有文化内涵的传统产业提供了无限的发展潜力。

四、管理与文化产业管理的概念与特点

（一）管理的概念

汉字中"管"的本义是约束、管束、过问；"理"的本义是理顺、治理、整理等。管理一词在中国古代多指治国安邦之行为。主其事为管，治其事为理。管、理两字之间

有细微的差异。有专家认为：管，更多地着眼于管治、干预、过问、管教、堵塞、治理，即俗话所说的不准干什么或不能怎么干；理，侧重于理顺、整理、疏导、办理，即俗话说的可以干什么或应当怎么干。管理是管理者为了实现既定的任务目标，运用管理的各种职能对于相关的人、事、财、物所实施的一系列活动的总称。所有的管理活动都是人类的社会活动，管理者是活动的主体；所有的管理活动都是在一定思想观念指导下的活动；所有的管理活动都有明确的计划、组织、指挥和控制。因此，学术界往往将"计划""组织""指挥""协调""控制"五个要素作为管理活动的基本职能（图1-3）。

图1-3 管理的五要素

（二）文化产业管理的概念

文化产业管理是一项综合性的经济活动，是指管理者为向广大的文化产品消费者提供高质量的产品和服务，运用各种管理职能，对文化产业活动进行的计划、组织、协调和控制的活动。与传统的产业相比，由于在文化产业中人力资源是核心，创新是第一生产力，因此文化产业管理体现出创新性、文化性和高附加值性的特点。

知识拓展

如今，无论是作为旅游纪念品，还是逢年过节看望亲友当作礼物，兼具颜值、实用性和文化内涵的文创产品都很受欢迎。从几元几十元的贺卡、钥匙扣、笔记本、帆布包，到数百元的彩妆、茶具、首饰，文创产品品类日益丰富的同时，开发主体也更加多元。博物馆、公园、大学、出版社等机构纷纷尝试涉用这一领域，推出风格各异的文创产品。在文创市场蓬勃发展的背后，也存在不少问题。同质化设计导致消费者审美疲劳，简单的符号嫁接导致产品有颜值无内涵，使文创产品真正有"文化味"将是文创行业迈向2.0时代的标志。如果缺少提炼转化的关键一环，再精美的文物、再有历史的建筑、再有故事的人物也很难做成好的文创产品。

想一想：文创产品的开发为什么必须有"文化味"呢？

资料来源：文创产品应有"文化味"[N].人民日报，2020-02-19.

单元二 我国文化产业的管理模式

一、我国文化产业发展的概况

中华文化源远流长，中华文明灿烂辉煌。从大量的考古出土文物及文献资料的记载中可以证实，早在几千年前，中国已经出现了文化产品的交换。但是文化产业在中国的真正出现是在改革开放之后，大致经历了以下几个阶段（图1-4）。

第一阶段（1978—1991）：文化产业的初步建立和探索期。从1978年至1991年，中国的文化市场开始复苏。1980年，广州出现了音乐茶座，娱乐业开始恢复。此后，录像放映、歌舞演出等营利性的娱乐活动逐渐增多。在这个阶段，中国的广告业开始出现并迅速发展，同时借助1990年第十一届亚运会的成功举办，我国的体育开始了产业化和市场化运作。但总体上，我国文化产业在这一阶段还处于探索阶段，在国民经济中的影响不大。

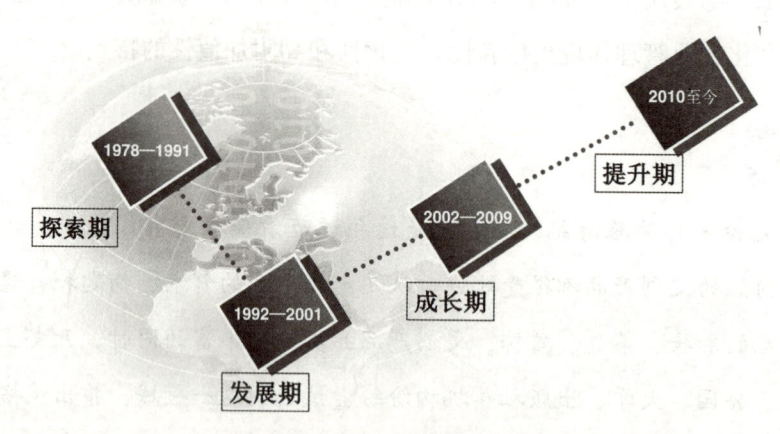

图1-4 文化产业发展阶段示意图

第二阶段（1992—2001）：文化产业的发展期。1992年，党的十四大报告明确提出要建设有中国特色的社会主义市场经济体制，市场经济体制的建立为文化产业的健康发展奠定了基础。1998年，文化部创建了与文化产业有关的公司，预示着文化产业政府主管部门的出现。2000年，中共十五届五中全会通过的《中共中央关于制定国民经济和社会发展第十个五年计划的建议》,第一次在中央正式文件中提到了要发展相关文化产业,这也表明国家对发展文化产业的高度重视。

2001年3月,文化产业成为《国民经济和社会发展"十五"规划纲要》中的内容,文化产业开始走向文化事业和文化产业共同建设道路,文化产业在我国经济中的重要性与价值进一步确立。这一时期,报纸作为主要文化消费对象,首先展现了文化产业的威力,同时,电影业、电视产业、旅游业、网络业等也在产业化方面进行了有益探索,得到了良好的发展。

第三阶段(2002—2009):文化产业成长期。2002年,党的十六大报告首次在全国代表大会的文件中明确提出要大力发展文化产业,将对文化事业的支持和文化产业的经营明确区分开。2007年,党的十七大从中国特色社会主义事业全局出发,明确提出大力发展文化产业,更加自觉地推动文化大发展、大繁荣。

2009年7月,中央政府颁布《文化产业振兴规划》,这是继钢铁、汽车等工业产业振兴规划后推出的新兴产业振兴规划,从2002年至2009年,文化产业开始快速成长,这标志着将文化产业培育成国民经济新的增长点越来越深入人心。

第四阶段(2010至今):文化产业提升期。2010年,《中共中央关于制定国民经济和社会发展第十二个五年规划的建议》明确提出,未来五年要"推动文化产业成为国民经济支柱性产业"。这一提法充分体现了中央对文化产业发展的高度重视。为了推动文化产业成为国民经济支柱性产业,从2012年2月至今,国家"十二五"规划等一系列文件对文化产业在国民经济产业体系中的重要地位进一步明确,确定其为支柱产业,并为其发展提供了一系列保障与支持性政策。

党的十八大以来,我国文化产业呈现出良好的发展态势,主要表现在:居民文化消费水平不断提高,文化市场潜力剧增,文化产业新业态不断涌现,文化与科技融合发展成效显著,对外文化交流蓬勃发展,中国文化"走出去"蔚然成风。进入新时代,我国文化产业必将呈现更加高质量的发展,更好地推动社会主义文化的繁荣。

二、我国文化产业管理的发展特点

我国文化产业的管理体制也是在20世纪80年代随着文化产业的出现才开始渐渐萌发形成。长期以来,由于我国一直实行计划经济体制,反映在文化管理体制上,则是高度集中的中央管理模式。这种高度集中的文化管理模式主要体现在：一是强调文化是上层建筑、意识形态，接受政党领导，为政治服务；二是一切行政权力（包括人权、财权）均集中在各级文化机关，不仅人事安排由上级任命，甚至连上演剧目、采用的电影剧本、确定出版选题也要通过部门审定，文化单位没有自主权；三是文化经费基本上由国家统包，亏损也有国家补贴，文化单位缺乏经营机制和独立核算能力。从中央到地方形成了一个庞大而严密的封闭式文化行政管理网络。这种高度集中的文化管理在特定的历史时期也曾对我国文化发展起着积极的推动作用，但在实施过程中也存在挫伤广大文化工作者的积极性，抹杀不同类型文化单位的不同运行特点，违背精神产品生产多样性的基本规律等弊端。

  文化既是民族的血脉，也是提升国际竞争力的动力来源之一。对于正致力于中华民族伟大复兴事业的中国人民和中国共产党来说，加快文化建设更是强化国家软实力的重要途径。而发展文化产业已经成为增强国家文化软实力的重要战略选择。因此，从20世纪80年代开始，我国已经逐步对高度集中的文化管理模式进行改革。首先是对文化产业定位的根本性变化。1980年是"文化搭台，经济唱戏"，2002年则提出"文化也是生产力"，2007年明确了"文化产业应该成为支柱性产业"，再到2011年将文化产业提升到"经济转型升级的引擎"的空前重要地位（图1-5）。这一路走来在定位上的变化，反映了我国对文化产业的本质、特征和发展规律的认识的逐步明晰与深化。而这一深化的过程，也是中国文化产业政策的优化过程。而在文化强国下文化产业受到国家政策的扶持越来越明确。其次，相继采取的具体改革措施主要有扩大基层文化单位的自主权；文化经营和文艺演出逐步面向市场；部分文化单位进行了人事制度改革；国家对文化事业单位的财政拨款方式发生了变化（根据不同情况分别采取全额拨款、差额拨款和专项资助等形式）。这些改革的基本思路对适当放权和引进市场机制，在一定时期和一定范围内收到了良好的效果。从20世纪90年代起，我国的文化产业开始进入稳步发展时期。但是，由于我国的文化产业起步较晚，发展历程较短，与世界其他发达国家相比，我国文化产业发展稍显滞后，在文化产业管理上，还存在着很多阻碍文化产业发展的矛盾和问题。

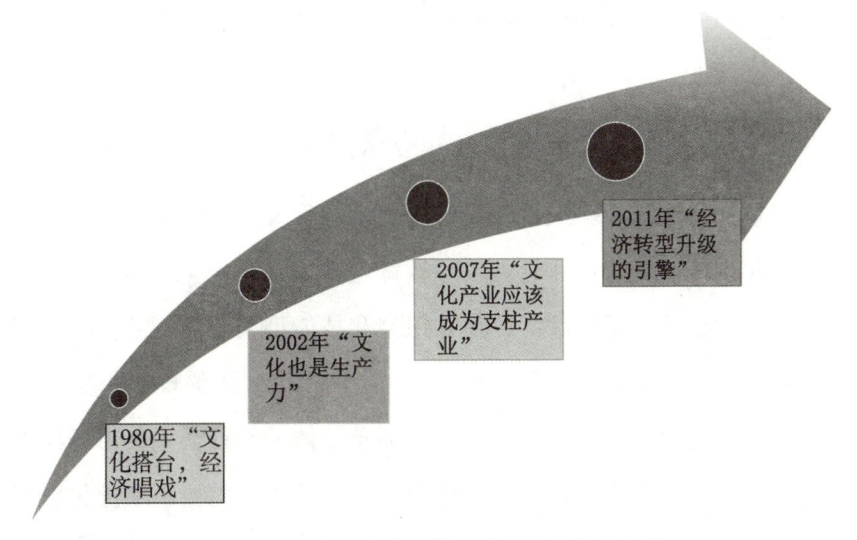

图 1-5　我国文化产业管理发展的历史示意图

三、我国文化产业管理存在的问题

（一）文化产业管理体制不健全

我国文化产业管理体系还不够健全，导致管理职能不能发挥出应有的效应。这主要表现在三个方面：一是行政职权分割不明确。20世纪80年代以来，我国已经逐步对高度集中的文化管理模式进行了改革，但由于改革还不彻底，所以政府职能交叉、多头管理、监管的缺位等问题依然很严重。二是行政管理手段突出，财政和法律手段较为不足。受计划经济体制的影响，我国对于文化产业的管理主要还是靠行政管理手段，行政手段主要是指采取行政命令、方针、政策、指示、规定、决策等措施来管理文化产业和文化事业。这种方式的优点是便于协调行动，促进文化产业管理的规范化，但是政府的行政干预往往会忽视文化市场自身运行逻辑和自我调节机制。

（二）文化产业法律政策体系滞后

与发达国家相比，我国文化产业法律法规还不健全，还没有形成一套系统的文化产业法律法规体系。虽然我国从20世纪90年代以来随着文化产业的发展，一些与文化产业相关的法律法规相继出台，如《中华人民共和国著作权法》《中华人民共和国专利法》《中华人民共和国文物保护法》及《音像制品管理条例》等，但是总体上看，文化产业的立法数量远远跟不上文化产业蓬勃发展的形势，特别是与发展文化产业必不可少的如电影法、出版法、网络法、新闻法等仍然处于空白，文化产业发展缺乏严谨的法律保护和支持。

（三）文化产业管理人才培养体系建立未完全

我国文化产业的发展需要一大批既懂市场经济运作又有文化的高素质管理人才。由于我国文化产业起步晚，文化产业管理人才教育培养体系还未完全建立，导致当前文化产业管理人才队伍面临着以下问题：一是知识型和技能型人才比例结构不合理；二是高素质人才普遍缺乏；三是激励和晋升机制不健全；四是人才流失现象严重。

综上所述，我国文化产业已经初具规模，但是总体上与社会主义市场经济条件下的文化建设所要求的文化管理模式还有很大的距离。现阶段还需要不断优化现有的文化产业管理方式，一方面明确政府在文化产业管理中的服务角色；另一方面也要减少具体运作中的行政强制手段，增强宏观指导和调控力量，增加经济刺激，健全与国际接轨的规则体系，符合我国国情的文化产业法律保障体系，建立长效育人的文化产业管理人才培养机制，培养出一批有学识且熟练掌握文化产业经营管理知识和技能的复合型应用人才。

视频：我国文化产业管理概述

【课堂思考】

"文化创意"是文化产业的一个行业吗？结合所学，请谈谈你的理解。

单元三　西方国家文化产业管理模式

从世界范围来看，不同的政治体制决定了不同的文化政策，同时，也必然要求建立与之相适应的文化产业管理体制，以便有效地实施对国家文化发展的经济控制和文化控制，因此，形成了错综复杂、多元并存的文化管理模式。从各国的文化管理模式看，大体上有"市场取向型""政府引领型""多元交叉型"和"政府与市场并重型"等管理模式（图1-6）。

图 1-6 世界各国文化产业管理的主要模式

一、以美国为代表的"市场取向型"管理模式

市场取向型是一种依靠社会力量、以市场为取向来管理本国文化产业和文化艺术事业的管理模式。以美国为例，联邦政府没有正规的文化行政主管部门，地方各级政府一般也没有；从联邦政府到地方没有垂直系统的文化行政管理机构，各级政府也不直接管辖各类文化艺术团体；各类文化艺术团体都以民间形式存在，并且都各自独立；政府对各类文化艺术团体只在政策上进行选择、有限额的经费资助，并且鼓励其自创收入，自负盈亏。这种管理体制具有以下特征：第一，社会办文化；第二，开放市场，自由贸易；第三，有限干预非营利组织，提供一定资金支持；第四，法律法规和政策双管齐下。法律法规和相关政策的建立，为文化产业的发展营造了一个良性有序、公平竞争的市场环境。例如，版权法、税法、合同法等相关法律完善都有利于推动文化产业的发展。

二、以日本、韩国为代表的"政府引领型"管理模式

在日本，与文化产业相关的行政部门较多，主要有文部科技省、文化厅、经济产业省、总务省、国土交通省及各个地方自治体。日本还设有振兴文化艺术基金，基金由政府和民间共同出资。该基金主要用于长期、连续支持各类艺术文化活动。对于振兴地区和地方文化，日本政府明确规定：政府应支持地区文化活动，包括重新挖掘、振兴具有地方特色的文化遗产、民间艺术、传统工艺和祭祀活动等；制订长期规划，对具有地方特色的文化艺术提供全面支持。

现阶段韩国政府对文化领域的管理，主要通过完善法律法规、加强资金援助、加强人才培养三种方式实现。一是完善法律法规。2004 年，韩国政府修改《税收特例限

制法》，将以内容产业为主的电影产业、公演产业和广播电视业纳入减免税收的中小企业之中。二是加强资金支持。韩国政府对文化产业的财政支持力度逐年加大，同时，通过设立多种专项基金，如文艺振兴基金、文化产业振兴基金等，有效地缓解了文化产业研发和海外推广的资金问题。三是加强对文化产业发展的人才培养。重点抓好电影、卡通、游戏、广播影像等产业的高级人才培养；加强艺术学科的实用性教育，扩大文化产业与纯艺术人员之间的交流合作，构建"文化艺术和文化产业双赢"的人才培养机制。

三、以法国为代表的"多元交叉型"管理模式

多元交叉体制，融集权、分权、放权于一体：在一个国家里，在不同的文化产业或同一文化产业的管理体制中，同时包含着截然对立的因素。在法国，负责全国文化事务的政府机构为文化部，法国的重点设施、文艺团体、艺术院系都受法国文化部直接领导，而法国文化产业的地方管理机构是地区文化局。除以上政府部门外，还有"文化发展委员会""欧洲影视空间""民间艺术节组织"等相关的非政府组织。法国在"多元交叉型"的文化管理模式下运营本国的文化产业与文化事业，其突出特点表现在：第一，中央集权和地方分权相结合。法国文化部是主管全国文学、艺术、电影、戏剧、音乐、博物馆及保护名胜古迹等事务的机构。法国文化部的主要职责是确保国家文艺方针的执行，充分发挥文物宝库的作用。法国政府在文化领域也采取"文化分权"政策，即将一些文化权利、文化资金、文化活动和设施分散到全国各地，增加对地方文化组织的经济资助的同时也发挥地方的积极性。第二，国家干预与市场调节结合。对于营利性文化产业和文化单位，法国一般采取市场调节政策，政府不加干预。但是如果一些特殊情况出现时，政府也会出面干预。第三，对营利性文化产业和文化单位，政府采取以市场调节为主、政府干预为辅的政策。

四、以英国为代表的"政府与市场并重型"管理模式

英国在文化管理上一直坚持"政府与市场并重"的管理模式，始终坚持"一臂之距"的原则。即政府在文化管理方面既不大包大揽也不完全放手的政策，始终保持一定的距离，以促进文化产业的发展。英国在文化管理方面创新采用的"一臂之距"，已成为世界文化管理模式的典范。在管理上，英国实行三级管理模式；第一级是中央一级管理机构，"即文化、新闻和体育部"，主要负责文化政策的制度和监督及文化经费的统

一调拨，统筹把握国家文化的发展方向；第二级是准政府组织，即地方政府及非政府公共文化执行机构（各类艺术委员会）主要负责向政府提供政策咨询服务和具体文化经费的划分问题；第三级是地方艺术管委会，即基层地方政府和地方艺术董事会，各种行业性的文化联合组织。大多具有慈善性质，主要担负向文化产业的发展提供资金援助的使命（图1-7）。文化管理上的臂距原则，多指其文化拨款的间接管理模式，文化部不直接支配文化经费的使用，而是通过准政府机构间接实现对文化经费的管理，准政府机构虽然受政府的领导，但独立履行职能，从而避免了政府对文化产业的直接干涉。臂距原则也可以称为有"分"亦有"合"原则，在大方向上政府统一领导，体现"合"的特点，但是由于英国是由爱尔兰、英格兰、苏格兰和威尔士四个民族组成的，每个民族都有自己的特色，因此为了保留民族文化的精髓，英国政府采取了"分"的政策，各民族可以根据各自文化的特点负责自己大部分的文化项目。这种"分""合"模式，有利于保护文化的多样性和差异性。

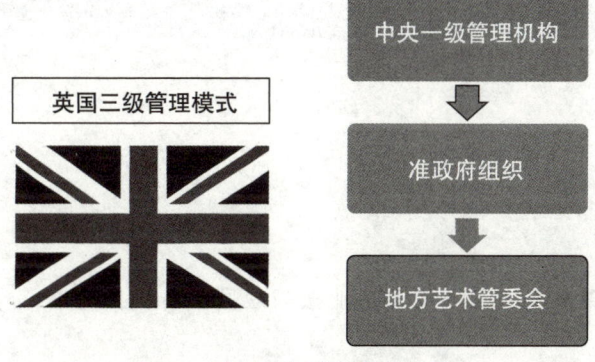

图 1-7　英国三级管理模式示意图

知识拓展

扫描二维码阅读案例。

知识拓展：国外文化产业管理模式

文化产业管理：理论与实践

资料来源：文化产业发展不可耽于逐利 [N]. 中国文化报，2019-07-05.

讨论：

1. 从以上案例可以看出，当下文化产业发展过程中出现了哪些问题？
2. 结合本案例谈谈文化产业如何才能更好服务于时代？

思政园地

　　文化是为人民立心，为民族立魂的基业，文化自信是更基础、更广泛、更深厚的自信，是一个国家一个民族发展中最基本、最深沉、最持久的力量。我们要把这个认识转化为文化行业的实际行动，除坚持走中国特色社会主义文化发展道路这个大前提外，还要在文化创意、文化创新、文化创造、文化创业这些环节上，深入贯彻落实到行动上，在不断借鉴其他国家先进文化产业发展和管理模式的同时，更要坚持自信自立、坚持守正创新、坚持问题导向、坚持胸怀天下，推动我国文化产业实现高质量发展。

模块自测

一、单选题

1. 2009年，国务院发布了《文化产业振兴规则》，提出将（　　）作为国家重点扶持的产业之一。

   A. 文化创意产业　　　　　　B. 现代服务产业

   C. 动漫产业　　　　　　　　D. 战略性新兴产业

2. 文化产业是"为社会公众提供文化娱乐产品和服务的活动，以及与这些活动有关联的活动的集合。"这是（　　）对文化产业的定义。

   A. 联合国　　　　　　　　　B. 中国

   C. 日本　　　　　　　　　　D. 英国

3. 文化产业是以（　　）为主导的文化发展阶段。

   A. 服务经济　　　　　　　　B. 知识经济

   C. 工业经济　　　　　　　　D. 农业经济

二、多选题

1. 根据本模块内容，以下属于文化产业核心领域的有（　　）。

   A. 新闻服务　　　　　　　　B. 出版服务

   C. 广告服务　　　　　　　　D. 娱乐服务

2. 发展文化产业应该重视（　　）。

   A. 正确认识文化资源　　　　B. 制订好规划

   C. 明确商业模式　　　　　　D. 重视经济效益与社会效益结合

三、判断题

1. 关于文化产业，国内外的概念内涵是统一的。（　　）
2. 目前，英国采取的是多元交叉型的文化产业管理模式。（　　）

模块二 文化产业的品牌管理

案例导入

老字号如何实现自己的品牌创新

中国曾是世界上老字号品牌最多的国家，无论是在品类总数上还是在品牌总数上，都堪称老字号品牌第一大国。中华人民共和国成立初期，据不完全统计，中国还有一万多家"老字号"企业。据商务部"中华老字号"国家层面的权威认证，目前仅余1 128家。近年来，虽然经过各方面的不懈努力与扶助，"中华老字号"有了长足发展，但总体上经营状况欠佳的仍占大多数，其中50%都存在长期亏损，只有10%仍保持蓬勃发展的势头，不少企业经营出现危机，存在产品创新力不足、组织架构陈旧、人力资本匮乏等诸多障碍，许多曾经辉煌的老字号已步履蹒跚，甚至空有品牌名号，却无产品面市。老字号品牌如何与时俱进，找到适合自己品牌基业长青的利器？是一个值得深思的问题。

资料来源：老字号的品牌创新：故事不老，价值更新[N].经济观察报，2022-10-10.

案例分析：对于案例中的中华老字号而言，缺少的不是品牌，而是品牌战略。因此，中华老字号要实现重振雄风的夙愿，就必须以科学的品牌战略规划为指导，与时俱进，洞察消费者的需求，结合科技力量，重新定位，开拓创新，唯有如此，才能愈老弥坚。

21世纪是文化竞争的时代，以文化资源的开发和利用为主体的文化产业成为各国经济与政治发展的重要支柱和战略支点。而文化产业品牌建设则决定着国家与地区文化产业的发展进程，是文化产业发展的重要条件和动力，要在竞争激烈的世界文化产业市场中占有一席之地，文化产业必须走"品牌建设"发展之路。基于此，本模块首先介绍品牌及文化产业品牌的相关概念和特征，其次论述文化产业品牌打造的重要性，最后通过具体案例分析文化产业品牌打造的策略。

学习目标

知识目标

1. 了解品牌的起源与发展，掌握其基本内涵；
2. 掌握品牌的定位和命名的基本原则；
3. 理解新时代下品牌战略是推动文化产业高质量发展的重要途径。

能力目标

1. 能够为品牌进行科学命名；
2. 能够撰写品牌营销策划书；
3. 能够为品牌的传播提供相关的策略和方法。

素养目标

1. 树立品牌意识；
2. 讲好中国故事；
3. 坚定文化自信。

单元一　品牌概述

一、品牌的定义

生活中常常听到品牌这个词语，品牌是什么？是一个标志？还是一个符号？或是一种关系？现代企划鼻祖史蒂芬·金（Stephen King）曾说："产品是工厂里生产的东西，品牌是由消费者带来的东西。产品可以被竞争者模仿，品牌却是独一无二的；产品极易过时落伍，但成功的品牌却能持久不坠。"那么，究竟什么是品牌？

20世纪50年代美国广告大师、奥美公司的创始人大卫·奥格威（David Ogilvy）

（图 2-1）第一次提出了品牌的概念，他认为："品牌是一种错综复杂的象征——它是产品属性、名称、包装、价格、历史声誉和广告方式的无形总和，品牌同时也因为消费者对其使用的印象以及自身的经验而有所界定。"奥美公司认为，消费者才是品牌的最后拥有者，品牌是消费者经验的总和，品牌是社会评价的结果，不是自己加冕的。

图 2-1　大卫·奥格威（David Ogilvy）

被誉为"现代营销学之父"的美国著名营销学者菲利浦·科特勒（Philip Kotler）将品牌定义为："品牌是一个名称、术语、标记、符号、图案，或者是这些因素的组合，用来识别某个消费者或者某群消费者的产品和服务，并使之与竞争对手的产品和服务相区别。"菲利浦认为，品牌的主要目的是识别自己，区分别人。

这是目前对于品牌比较通用的定义。当然，也有人认为品牌就是某个品类的代表，也就是当消费者想要消费某个品类时，立即就想到这个品牌，那么这个品牌的意义实际上就已经建立起来了。这其实强调的是品牌如何从消费者的心理角度，建立一种特定的消费价值和消费情感的问题，该观点表达的是品牌的营销和策略。

二、品牌的起源与发展

品牌的英文单词 Brand 源自古挪威语 brandr，意为灼烧。人们最早用这种方式来标记家畜或他们的劳动成果，以便于与其他人相区别。早期的先民工匠均会在器皿上做一些标记，以说明其来源。如在中国古代的瓷器上，古希腊、古罗马出土的陶罐上，都发现了这种标记。到了中世纪的欧洲，手工艺匠人用这种打烙印的方法在自己的手工艺品上烙下标记，以便顾客识别产品的产地和生产者，并以此为消费者提供担保。由此，一些地方的政府认为这种标记是一个值得推崇的好东西，不仅可以保护消费者权益，也方便了政府征税，这就产生了最初的商标。公元 1266 年，《面包商标法》在英国通过，它要求在面包上加盖图章或刺刻标记以示生产商，之后，金匠和银匠也要求在商品上做记号，包括签名、金属材质的说明等。1579 年，两个被判定在金器上做假标记的金匠被钉上了颈手枷。16 世纪，蒸馏威士忌酒的生产商将威士忌装入烙有生产者名字的木桶中，以防不法商人偷梁换柱。1835 年，苏格兰的酿酒者使用了"Old Smuggler"这一品牌，用于维护其酒的质量声誉。19 世纪 60 年代开始，小包装的烟草产品开始出现，烟草商人还意识到一些有创意的名字会有助于销售，如今，品牌不仅仅是原产地的烙印或面包上的刺刻标志，它有自己与众不同的名称、颜色、外观形象设计、声音甚至体验，它已经通过卫星、网络、印刷品展现在世界各个角落。

三、品牌的内涵

一般来说，国际公认的品牌具有六层含义（图 2-2）：一是利益。品牌利益就是品牌应给消费者带来物质和精神利益。例如，中国工艺美术大师、国家级非物质文化遗产铜技艺代表性传承人朱炳仁铜的系列产品，造型雅致漂亮，能唤起人们心里的愉悦感受和美好的生活感受。铜具有天然抑菌性，铜壶煮茶更养生，铜壶煮水会析出微量铜元素，对身体有益，这些都是从消费者的健康角度考虑。二是个性。品牌个性是与品牌相关的一系列人类性格，是品牌形象化、人格化所具有的个性。例如，百事可乐的个性是新潮、活泼；海尔的个性是真诚。品牌个性与品牌文化密切相关，而品牌文化离不开其所处的社会环境，特别是文化环境，如法国最著名的品牌是香水、时装和女性护肤品，这些无不传递出其文化中的浪漫和高雅。三是属性。品牌自身的特性，包括那些在产品说明书上的物理参数、技术参数、性能参数等。四是价值。品牌价值是产品功效上的价值性，是消费者情感满足上的价值性，也指消费者自我表达上的象征价值。五是文化。文化是指品牌精神层面的内容，有些知名品牌的品牌文化同时代表着一种国家文化或民

图 2-2 品牌内涵示意图

族文化。如可口可乐、肯德基代表着热情奔放的美国文化；香奈儿代表着浪漫而高雅的法国文化；同仁堂、全聚德代表厚重悠久的中国文化。六是使用者。品牌暗示了购买后使用产品的消费类型，品牌将消费者区隔开，这种区隔不仅从消费者的年龄、收入等表象特征体现出来，更多体现在消费者的生理特征和生活方式上，如欧莱雅的使用者是时尚成熟高雅的女性，而奔驰的使用者是成熟稳重的成功人士。

总之，品牌的基本构成是品牌名称和品牌标志，但品牌从本质上说是销售者向购买者的一种承诺。从利益、个性、属性、价值、文化和使用者六个方面实现品牌的表达，在无形中与消费者建立稳定的情感联系，最终赢得顾客，占据市场。

四、文化产业品牌的特征

文化产业品牌首先是品牌的一类，具有品牌所有的共性，但是由于文化产品具有精神性、创意性、意识形态性等，这就使文化产业品牌也体现出鲜明的个性。这种个性主要表现在以下几个方面。

（一）品牌价值的马太效应

品牌价值的马太效应即文化产品的形象一经确立，其产品的价值和知名度也就随之飙升，消费的人就越多。目前，网络化的发展促进了马太效应的产生，网络化产生了消费者点评这项业务，人们言论不仅越来越自由而且传播范围越来越广，消费者在消费后的体验性评价对品牌的影响越来越深远。例如，目前所有的售后产品和服务都非常注重消费者的售后评价。评价越多、越高，口碑越好，产品自然也就越畅销。

（二）品牌的延伸性

品牌的延伸性即因为文化产品具有很强的文化性特征，因此，文化产品的品牌一旦知名，很容易实现品牌延伸。如一本小说畅销后，很容易改编为同名电影或电视剧，《哈利·波特》就是最典型的例子。

（三）品牌的垄断性

文化产品很多与特殊的文化背景和地域相关联，只能在相应的地方进行生产，如《印象西湖》就只能在杭州西湖上演出和观看。另外，随着大众版权保护意识的增强，在激励创新的同时也在一定程度上造成了一些文化品牌的无可替代性。

由于"文化"是文化产业的根本属性，文化产品是给消费者提供精神享受的产品，毫无疑问，高文化内涵的产品其价值更大，在市场上也更有竞争性。文化产业品牌实质上就是一种文化标志，它是以其特殊的文化性使消费者区别其他文化产品，并与消费者建立起亲切的联系。这种联系的基础往往是它能唤起消费者美好的想象和情感的愉悦，如优美的山水风光、独特的小镇风貌，给游客带来的是心理上的舒适和情感上的欢悦。近年来，不断升温的文化创意产品，就是因为产品的个性表达和愉悦功能。因此，文化产业品牌要不断在文化上进行提炼，突出精神性和情感性，提高文化品位，铸造精神价值，唯有这样，才能真正充分体现文化产品塑造人心的作用，也才能真正在激烈的竞争中立于不败之地。

视频：品牌的概念和内涵

知识拓展

介绍一个你最喜欢的品牌，包括其品牌名称和品牌标志、品牌内涵（利益、个性、属性、价值、文化和使用者）、品牌的发展历程、品牌的故事等。

单元二　文化产业品牌的命名

一、我国品牌命名的现状与困境

品牌命名是创立品牌的第一步，一个好的品牌名称是品牌被消费者认知、接受、满意乃至忠诚的前提，品牌的名称在很大程度上对产品的销售产生直接影响，品牌名称作为品牌的核心要素甚至直接影响一个品牌的兴衰。但是随着我国品牌数量的激增，我国品牌命名呈现出"古""偏""假""怪"的现状和特点。

（一）古

"古"指的是很多企业在给品牌命名时，喜欢使用繁体字。使用繁体字文言文可以增加历史感和文化气息，但是由于其笔画繁多，结构复杂，不容易被消费者辨认，导致很多消费者不认识，曲高和寡，反而失去了品牌的宣传作用。

（二）偏

"偏"指的是企业在品牌命名中使用异体字或人们不熟知的草书、篆书字体等现象。如"萯兔"复古首饰工作室，其中的"萯"字就属于生僻字，对不认识这个字的人来说，理解这个品牌的文化内涵就有些困难，毫无疑问，这对于品牌的宣传发展没有起到推动宣传作用。

（三）假

"假"指的是品牌名称抄袭其他产品，产品宣传名不副实。有些不良商家为了快速获利，借助现有知名品牌的名称，在其基础上做一点变化，如增删字，或选用同音或谐音字代替原字，从而误导消费者，如"奥利奥"改为"奥立傲""特仑苏"变为"特伦苏"。这不仅损坏了消费者的利益，也破坏了市场的正常运营秩序。

（四）怪

"怪"指的是有些企业命名过于追求奇特，一味求怪。很多命名者只考虑品牌名称新奇，抓人眼球，而取一个与产品毫无关联的名称。例如，2019年央视3·15晚会上曝光的"虾扯蛋"辣条食品，事实上这种食品的原材料既没有虾也没有蛋，而是以豆制品为原料辅以食品添加剂制作而成，消费者看到这种名称只会觉得滑稽可笑，并不会对品牌留下深刻的印象。

二、品牌命名的原则

美国著名的营销战略家特劳特（Trout）认为："品牌定位时代，给品牌起一个什么样的名字这是你能做的，唯一重要的营销决策。"而一个成功的营销项目，是要把他们的名字融入品牌之中。因为品牌短期内赖以生存的创意或概念都会随着时间流逝而慢慢消散，取而代之的就是其与竞争对手相区别的品牌名称。那么，如何给品牌取一个好的名字呢？品牌命名建议考虑以下五个原则（图2-3）。

图2-3 品牌命名的原则

（一）简单响亮

商品营销的实践表明，消费者对于品牌名称的专注力十分有限。研究那些著名的商品品牌，它们的名称大都具有便于消费者认知、传诵和记忆的特点，品牌名称的设计要简洁明快，长短适中，便于记忆。

因此，品牌名称倾向于采用双音节结构，这与汉语词汇的双音化是一致的。汉民族语言讲究对称美、平衡美，只有在音节上求"偶"才能达到这一审美特征。汉民族对和谐、平衡的追求是这一语言特征的社会心理基础。如大宝、方正、海尔、红豆这些双音节的品牌名称在中国消费者的记忆理解上都是非常深刻的。三音节品牌名称也占有较大比重，如蝶恋花、七匹狼、五粮液、波司登、雪中飞等，它们在表达上仍不失简洁明快的特征，也具有强势的品名。一些难发音字都不适宜用作品牌名称。四音节品牌名称的传达力开始减弱，但尚可用，如贵州茅台、小糊涂仙、清华紫光、与狼共舞等，多于四音节的品名，原则上已经不宜采用。

（二）联想正面

正如人的名字普遍带有某种寓意一样，品牌名称也应包含与产品或企业相关的寓意，使消费者能从中得到有品牌的正面联想，进而产生对品牌的认知或偏好。相反，如果品牌命名不当，容易引起人们的反感，甚至引起法律纠纷。香港金利来公司，起先它的中文译为"金狮"，而金狮在粤语中音同"尽输"，听起来很不吉利，产品销路一直不见好。直到有一天，公司老板曾宪梓先生在拜访朋友时发觉了该问题，才组织人员对品牌名称进行研究，但是，给品牌命名也不是件容易的事情。直到有一天曾宪梓去澳门旅游，偶然发现游船是中英文混译。于是计上心来，便有了如今的"Gold"译为"金"，"Lion"译为"利来"，即成为"金利来"的中文名，"金利来"，金与利一起来，琅琅上口，谁听了都高兴，这才有了后来的辉煌。

（三）新颖独特

新颖独特的品牌名称才能与众不同，打动消费者，让人记忆深刻。通常要求名称具有新鲜感，能迎合甚至引领时代潮流，体现品牌的独特个性，暗示品牌的某种鲜明的功能和属性，都不失为好名称，如"泻痢停""五粮液""舒肤佳""美加净""飘柔""搜狐""酷狗""搜狗"等都是新颖独特的好名字，出奇制胜，往往就会脱颖而出，甚至高人一等。

（四）尊重受众

不同国家或地区的消费者因民族文化、宗教信仰、风俗习惯和语言文字等的差异，使人们对同一名称有着截然不同的认知和联想。如芳芳在中文中是芬芳的意思，但是在英文中 Fangfang 则意为犬和狼的尖牙。南京长江机械厂生产的"蝙蝠"牌电扇在国内市场上有一定的知名度，但是产品在走向国际市场的时候遇到了麻烦，原因是蝙蝠在许多国家被视为"邪恶"和"不洁"的代名词。再如，国内著名的"大象"牌电池在欧美国家遭遇冷落，原因是欧美人把大象看作是笨拙的化身。因此，我们要特别注意目标市场的传统风俗文化，以免在他们心中产生不悦，影响了品牌的发展。

（五）法律保护

再好的名字，如果没有注册，得不到法律保护，就不是真正属于自己的品牌。在2000年的保暖内衣大战中，"南极人"品牌就是由于缺乏保护，而被数十个厂家共享，一个厂家所投放的广告费成为大家的公共费用，非常可惜。又如米勒公司曾推出一种淡啤酒，取名为"Lite"，即淡字的英文 light 的变异，生意兴旺，其他啤酒厂纷纷仿效，也推出以"Lite"命名的淡啤酒，由于"Lite"是直接描绘某类特定产品的普通词汇，法院判决不予保护，因此，米勒公司失去了对"Lite"的商标专用权。由此可见，一个品牌是否合法即能否受到保护是多么重要。

古人云："名不足以尽善，而足以策善"，为企业及产品命名，如果能将以上原则综合完善地运用，肯在应用策略上下功夫，将有助于事半功倍地拥有非凡之名，从而大大促进品牌的快速发展。

视频：品牌的命名原则

> 【课堂思考】
>
> **练一练**：请为下面的产品命名：
> 1. 产品类别：牛奶
> 2. 来自西部高原
> 3. 安全，无污染
> 4. 含人体所需要的多种营养
> 5. 增强体力，延缓衰老

6. 价格便宜

7. 有大、中、小三种包装，适合家庭饮用和外出携带

8. 香味纯正自然，不添加香精

单元三　文化产业品牌的打造与传播

　　文化产业品牌的打造是一个循序渐进的过程，因时因地而异，不可千篇一律。具有地方特色的文化品牌是文化软实力和竞争力的体现，也是区域文化的重要标识，具有十分重要的经济意义和战略意义。当前我国文化品牌总的发展态势是走向纵深，形成了以质带量的新气象，文创、动漫、影视、文化旅游、互联网等各门类涌现了一批"双效合一"的文化品牌。文化品牌的发展要顺势而为，借助科技，打造面向市场、面向国际的特色文化品牌。

一、文化产业品牌的打造

（一）注重品牌特色的凝练

　　一个强有力的文化产业品牌必须具有独特的个性，这种个性不仅能保持品牌的差异性，还能与其理想的消费者形象对应，是构建消费者和品牌关系的基础。文化产业品牌的特色构建需要关注以下三个维度：

　　（1）产业自身的特色，即充分体现产业自身的价值内涵和特质，以差异化构建品牌的独特竞争优势。例如，苹果公司的品牌就有很强的区别度，如苹果公司会用线下直营店作为一个品牌触点，与消费者建立一种连接传递创新、以消费者为本的企业价值观。而苹果公司的员工中有很多也是深度果粉，他们会对产品进行深度的探索并反馈给公司，这些都是苹果公司与众不同的特点，用这种创新的方式形成差异化，从而建立自身品牌竞争力。

　　（2）提炼区域文化特色，打造特色文化精品。首先需要对本区域的文化资源的特色进行提炼，对自身的优势进行科学定位，凸显其独一无二的特质，这也是彰显区域文

化风采避免同质化的重要途径。可以深入挖掘区域文化，使区域内许多不为人知的历史名胜、地方人物、重大事件、文化遗址等，成为观光名胜，从而形成特色经济、特色产业、特色产品。如近年来，杭州通过打造"宋韵文化"品牌，在深入推进宋韵文化与旅游、文创及社会生活等方面的融合上所取得的成就，就是其中较为典型的一例。将地域文化融入旅游产业，可以达到人无我有，人有我优，表现出竞争上的品牌优势。

（3）品牌元素的特色。品牌元素指的是品牌的名称、符号、口号、包装等，独特的品牌识别元素直接影响了品牌在消费者心中的地位，强有力的品牌识别元素往往包含可记忆、有意义、可爱、易转换、可保护等特征。

（二）加强品牌的延伸

文化产业品牌是一个具备很强张力的文化系统，因此可以依托品牌优势，整合各种资源，将富于创新性与时代感的文化因子和科技元素植入品牌，将品牌做大做强，形成具有国际影响力的强势品牌。以故宫 IP 的品牌延伸为例，故宫不拘泥于传统的展览和"旅游纪念品"模式，2014 年，"故宫淘宝"微信公众号刊登了《雍正：感觉自己萌萌哒》一文，其走红以后，雍正皇帝也借此成为当时的热门"网红"，故宫文创相继推出"朝珠耳机""奉旨旅行"腰牌卡、"朕就是这样的汉子"折扇等一系列文创产品（图 2-4）。此后，皇帝、大臣、宫女、贵妃等形象逐步卡通化，搭配有趣的文案，设计出胶带、本子、布包、帽子、扇子等生活日用品，拉近了与广大消费者的距离，近年来还推出了深受女性喜爱的彩妆系列如火爆一时的故宫口红。另外，截至 2018 年，故宫先后上线了

图 2-4　故宫文创产品图（图片来源于网络）

9 款 App，包括《每日故宫》《紫禁城 365》《故宫导游》《掌上故宫》等，涉及故宫资讯、游戏和导览等众多内容，将专家研究成果与观众感兴趣的题材密切结合起来，以年轻观众乐于接受的形式，不断拉近故宫博物院与广大观众的距离。

（三）加大品牌建设与科技融合的程度

当今时代，随着科技突飞猛进的发展，文化产业的数字化、信息化和网络化趋势为文化产业的发展带来了革命性的变化。例如，美国好莱坞影视广泛运用了特效及现代数码科技，加上独特的创意形成了巨大的品牌效应，并且获得了良好的社会反响和巨大的商业利润。因此，要创建文化产业的知名品牌，高科技是必不可少的重要催生手段。

二、文化产业品牌的传播

文化产业品牌需要赢得大众，品牌传播至关重要，如何将品牌信息有效传递给目标消费群体，提升品牌的知名度，是文化产业品牌取胜的关键。

（一）品牌符号跨平台传播

在塑造文化产品品牌时，应该尽量使品牌核心符号在不同的平台和产业借助不同的载体进行延伸，以实现社会效益和经济效益的最大化。以英国女作家 J. K. 罗琳（J. K. Rowing）创作的小说《哈利·波特》为例，从它的第一辑出版开始，就如同一个被解咒的精灵，从魔瓶中一跃而出，以势不可挡的态势风靡全球。《哈利·波特》衍生为一个产业链并取得遍地金元。《哈利·波特》产业链的形成，大致经历了这样的延伸路径：系列图书畅销→系列电影→DVD 上市→玩具及电玩等商品热卖→带动英国旅游发展→糖果、蛋糕等食品品牌不断出现→新创意的《哈利·波特》产品→一个更庞大的品牌产生。

（二）品牌文化传播的正能量原则

"正能量"是近年来国人十分关心的热点词汇，指的是一种健康乐观、积极向上的动力和情感，是社会生活中积极向上的行为。文化产品的重要功用在于愉悦人的精神世界，因此，它所要传递的应该是催人奋进、给人力量的世界观、人生观和价值观，需要"寓教于乐"，而不是过度娱乐，是"文质兼美"，凸显向上的主旋律。从国内外成功的文化产品品牌案例来看，这些品牌的文化内核都是积极向上、宣扬主流价值观的，如《狮子王》《阿甘正传》《我和我的祖国》《长津湖》等。品牌文化越具有正能量，就越具有广泛的吸引力和长久的生命力。

（三）品牌的知识产权保护策略

作为知识密集、创意集聚的文化产业品牌，它的可持续发展需要健全的知识产权体系的保护。我国的知识产权保护力度还不够，文化产品品牌的知识产权容易受到侵害，在此背景下，企业要加大法律保护的力度，更重要的是探索行之有效的保护策略。例如，如何加强对于文化衍生及关联产业的品牌传导与保护等；如何界定各种纷繁复杂、表现多样的"类侵权""轻模仿"等知识产权侵害现象并出台对应的惩戒与处罚措施等；如何对文化产业品牌进行合理估值并进行全方位品牌规划与品牌开发，完善品牌让渡及交易制度，通过自身市场化体系及完善治理结构的建立，规避人为管理瑕疵，为品牌保护提供良好的支持等。

视频：文化产业品牌传播策略

> **课堂思考**
>
> 想一想：普通人如何建立品牌？
>
> 名人具有品牌属性，普通人也可以建立自己的个人品牌，你希望为自己树立一个怎样的品牌形象？如何实现呢？

单元四　文化产业品牌管理案例
——以米老鼠品牌为例

1928年，迪士尼推出史上第一部有声动画《威利号汽船》，在里面吹着口哨开着船的米奇因此一炮而红。电影上映那天（11月18日）也被官方定为米奇的生日。米奇的性格乐观、随和，经常充满奇思妙想，常常为他人打抱不平，十分具有正义感。他虽已成年，却保留着童真，时常会有点小调皮，总是哼着小曲，吹着口哨，蹦蹦跳跳，活力四射。米老鼠从诞生到现在已经90多岁了，它陪伴一代又一代人走过童年，给无数观众带去过欢乐。如今依然活跃在荧屏内外，传播着真善美，深受大众的欢迎，是什么让它能够如此长久地走"红"呢？

资料来源：91岁了，米老鼠如何红了这么久？[N]．湖南日报，2019-11-26．

一、拥有版权、保护版权

对于版权产业者来说，版权是生命之源。迪士尼公司对于"米老鼠"系列作品原始版权的拥有是其发展的基础和前提，当然，美国版权法和版权产业政策为其提供了充分的发挥空间，也可以说，迪士尼公司就是美国版权保护制度下的幸运儿。试想米老鼠一炮而红后，如果没有版权保护，大家纷纷趁热度，甚至用恶搞、抹黑来吸引关注，那么米老鼠就难以维持美好的形象。事实上，迪士尼公司为了保护米老鼠的版权，曾两度说服政府调整相关法案，延长版权保护期。原本，美国《版权法》只赋予版权56年的保护期，也就是说，《威利号汽船》中的米奇本该在1984年就过期了。为了保住米奇，迪士尼公司出力游说政府延长版权保护期。在1976年和1997年，迪士尼公司和其他企业成功说服美国政府两次调整相关法案，将米老鼠的版权保护期延长到95年。版权的保护和延期为迪士尼品牌赢得了更为持久和更为巨大的利润，虽然这一做法也受到了批评和质疑。但无论怎样，这是迪士尼公司取得成功的重要保证。

二、注重品牌的演绎和延伸

在拥有版权的基础上，迪士尼公司对"米老鼠"角色的商业价值进行进一步开发。首先是在知识产权产业内的演绎，如通过注册"米老鼠""米奇"等商标，"米老鼠"系列产品获得了商标法的保护，并且能够通过特许授权许可他人使用来赚取利润。其次是扩大产品的保护范围，生产衍生产品，这只小老鼠早已从早期的动画短片中华丽转身，以不同的造型和形象不仅出现在主题公园、系列服装及电视网剧上，而且以大众喜欢的方式活跃在人们生活的每个角落，动画片、玩具、贴纸、游戏……通过衍生产品的开发，造就一个强大的产业链，从而创造了超过700亿美元的巨额财富。最后是米老鼠自身形象的不断创新。随着时代审美的变化，迪士尼公司也在修改着米奇的形象，我们现在看到的米老鼠形象和《威利号汽船》版本中的米老鼠并不相同。1935年，动画师弗雷德·摩尔（Fred Moore）给米老鼠换了新造型，也就是我们今天所熟悉的米老鼠。

同一年，在《米老鼠音乐会》中米老鼠首次被上色，使其更加光彩动人。如今，无论是在主题乐园、电视网络还是游戏开发中，它的道具装扮依旧是时髦而又多变的，由此可见，米老鼠形象与时俱进是其"长红"的一大秘诀。

三、开拓作品的传播渠道

米老鼠的商业价值还在于对其的传播。从最初的动画制作公司利用"米老鼠"形象制作不同的动画片在影院放映，到出版《米老鼠》杂志和放映"米老鼠"电视系列，从迪士尼唱片公司发行"米老鼠"唱片到互联网上传播"米老鼠"作品，从单一的制片公司到涉及所有现代传媒技术的版权业界巨头，从好莱坞到全世界，"米老鼠"作品被迪士尼公司在各种媒介上进行演绎利用，从而使"米老鼠"成为全世界最知名的"老鼠"。另外，迪士尼公司还通过特许授权、特许加盟等形式，扩展了众多的消费品生产商和加盟商店，在"米老鼠"的家族中不断开拓新的利润渠道。这些形式多样的衍生产品，不断丰富着迪士尼公司的演绎作品战略。

四、利用新技术，创造新典范

世界上很多动画片都如昙花一现，而迪士尼动画却经久不衰，一直风靡全球。除凭借源源不断的创意和大半个世纪的积淀外，还有一个重要的原因就是迪士尼始终紧跟新技术，不断创新制作技术，提升作品的科技含量，因此才创造了一个又一个的典范。当"米老鼠"系列的代表作《威利号汽船》创作完成时，无声电影仍占主导地位，但有声电影已经出现。沃尔特果断放弃原作上映计划，将《威利号汽船》改编为有声电影，从而一举成名。紧接着又将《疯狂的飞机》等已上映的"米老鼠"作品改为有声电影发行。在当今世界，迪士尼公司利用先进的数字技术，将"米老鼠"作品不断改编、汇集、翻译，创作出了形形色色的演绎作品，使之不断适应新技术的变化。可以说，每一次新的传播技术的进步都带来了作品衍生的巨大发展空间。

在此，可以看到，迪士尼对米老鼠这个IP及品牌形象的珍惜。其并没有因为对利益的过分追逐，而使其在发展IP和品牌的过程中放弃了对质量的考究和打磨，相反，在版权保护的前提下，不断创新自身形象，不断开发衍生产品，不断运用现代技术，创造新的典范，所有这一切使其在历史的洪流中一次又一次创新和创造了更大的发展空间，这也许就是其"长红"的秘诀。

知识拓展

扫描二维码，阅读案例。

知识拓展：米老鼠的魅力与迪士尼的产业创造的文化奇迹

知识拓展：国际动画品牌管理案例

讨论：

1. 迪士尼产业创造的文化奇迹哪些经验值得人们借鉴？

2. 结合本案例，谈谈中国动漫产业目前的主要问题是什么？发展动漫产业品牌有哪些策略？

思政园地

党的二十大报告提出："从现在起，中国共产党的中心任务就是团结带领全国各族人民全面建成社会主义现代化强国、实现第二个百年奋斗目标，以中国式现代化全面推进中华民族伟大复兴。""加快构建新发展格局，着力推动高质量发展。"品牌是高质量发展的重要象征，加强品牌建设是满足人民美好生活需要的重要途径。在建设品牌强国的征途中，不仅要聚焦实体经济，建设好现代化产业体系，也要坚持创新驱动，加快实现高水平科技自立自强。同时更要坚定文化自信自强，培育更多有中国特色的品牌文化，使中国品牌成为中华文化的独特标识。同时，不断提升国际市场对中国品牌文化的认同，推动更多中国品牌走向全球，增强中华文明传播力和影响力。

模块自测

一、单选题

1. 品牌名称和（　　）是最基本的品牌要素。

　　A. 品牌口号　　　　　　　　B. 品牌标志

　　C. 品牌承诺　　　　　　　　D. 品牌个性

2. 品牌具有双重属性，自然属性和（　　）。

  A. 服务属性   B. 代表属性

  C. 产权属性   D. 社会文化属性

二、简答题

1. 什么是品牌？
2. 品牌的构成要素有哪些？

模块三 文化产业知识产权管理

案例导入

发展文化产业　保护知识产权

2019年春节期间《流浪地球》《飞驰人生》《疯狂的外星人》等几部热播电影上映后，出现了大规模盗版，不仅严重侵害了影视作品制作方、出品人的合法权益，而且严重影响了我国影视行业提质升级发展。在公安部有力组织部署、各部门紧密协作配合下，查明并打掉8部春节档高清盗版影片的线下制作源头、线上传播网络、境内外勾连团伙，打掉"麻花影视"App等一批侵权问题突出、权利人反映强烈的盗版网站和App。

资料来源：王芳.发展文化产业 保护知识产权[N].临沂文明网，2019-04-30.

案例分析：上述案例是我国加强知识产权保护的一个缩影。目前，我国市场上盗版和"山寨"商品层出不穷，导致很多正版商品的利益受损，在国际市场上，我国也有不少民族品牌，因为知识产权意识淡薄，知识产权管理机制不健全，在海外遭到其他企业抢先注册，蒙受了巨大的损失。文化产业发展依赖于知识产权保护，党的十八大以来，党和国家对知识产权战略实施做出一系列重大决策部署，采取了一系列改革措施，体现了我国对保护知识产权的高度重视。本模块首先介绍知识产权的基本概念，然后分析文化产业与知识产权的关系，最后通过对文化产业领域中知识产权相关案例的分析，提出文化产业知识产权领域中存在的问题，并提出相关建设性建议。

文化产业管理：理论与实践

> **学习目标**
>
> **知识目标**
>
> 1. 了解知识产权的概念、内容和特征；
> 2. 理解知识产权制度的重要性；
> 3. 掌握知识产权侵权的认定。
>
> **能力目标**
>
> 1. 能够分析常见的知识产权纠纷；
> 2. 能够辨析知识产权的合理使用与侵权的界线；
> 3. 能够运用所学保护自身知识产权利益。
>
> **素养目标**
>
> 1. 培养知识产权意识；
> 2. 尊重他人知识产权；
> 3. 自觉抵制侵权行为。

单元一　知识产权概述

知识产权作为一种无形的资产，是企业重要的战略资源，也是国家和国家之间文化软实力的竞争体现。党的十九大报告提出要"倡导创新文化，强化知识产权创造、保护、运用"，体现了我国对知识产权保护的高度重视，为知识产权事业发展指明了努力的方向。

一、知识产权的概念

知识产权的英文为"Intellectual Property"也被翻译为智力成果权、智慧财产权或智力财产权，是指按照国家法律规定，公民或法人对自己在科学技术、文化艺术等知识领域中创造的智力劳动成果所享有的专有权利，它是公民的基本权利之一，这种产权原则上由"创造者"享有。公民或法人对于通过自己的脑力劳动创造出来的智力成果享有占有、使用、收益和处置的专有权利。

二、知识产权的内容

传统的知识产权的类型主要包括专利权、商标权和版权，是一种无形的财产权（图3-1）。

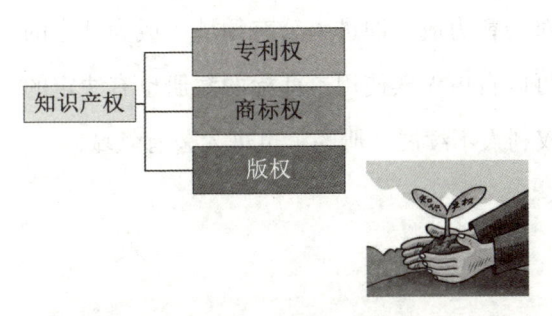

图3-1 知识产权

（1）专利权。专利权是指国家根据发明人或设计人的申请，以向社会公开发明创造的内容，以及发明创造对社会具有符合法律规定的利益为前提，根据法定程序在一定期限内授予发明人或设计人的一种排他性权利。专利权保护的对象主要包括发明、实用新型和外观设计三种。

（2）商标权。商标权是指商标所有人依法对其注册商标所享有的专有权利。《中华人民共和国商标法》第三条规定："经商标局核准注册的商标为注册商标，商标注册人享有商标专用权，受法律保护。"

（3）版权。版权又称为著作权，是指著作者对其在文学、艺术、科学和工程技术等方面创作的作品享有的专有权利。版权保护的客体有文字作品，口述作品，音乐、戏剧、曲艺、舞蹈、杂艺作品，美术、建筑作品，摄影作品，工程设计图、产品设计图纸及其说明、地图、示意图等图形作品，计算机软件等智力成果。

三、知识产权的特征

"知识产权作为一种无形财产，与有形物品的财产权相比，最基本的特点是专有性、地域性和时效性。

（1）专有性。专有性也称为垄断性或独占性，是指未经知识产权人许可或法律特别规定，不得制造、使用或销售已获得的专利权、商标权或版权的智力成果，否则就构成法律上的侵权行为而受到法律制裁。专有性是知识产权最基本的属性。

（2）地域性。地域性是指按照一国法律取得的知识产权，除非有国际条约、双边或多边协定的特别规定，否则知识产权的效力只限于本国境内，只受到该国法律的保护，只在该国境内具有法律效力，而对其他国家不具有法律效力。

（3）时效性。时效性是指多数知识产权的保护期是有限的，依照一国法律取得的知识产权，一旦超过法律规定的保护期限就不再受保护了，其针对的智力成果即进入公有领域，成为社会的公共财产，任何人都可以自由无偿使用。商标的注册也有法定的时间效力，期限届满权利人不续展注册的，也进入公有领域。

视频：知识产权概述

课堂思考

想一想：

1. 小明将他人的作品以自己名义进行发表，他这是侵犯了知识产权中的什么权利？

2. 贵州××酒厂出品的白酒为消费者所青睐，市面上大小酒厂、作坊争相模仿其包装外观以提高销量。这些酒厂的行为侵犯了知识产权中的什么权利？

单元二　文化产业的知识产权

一、文化产业的核心是版权产业

联合国教科文组织将文化产业界定为"按照工业标准生产、再生产、储存以及分配文化产品和服务的一系列活动"。这些产品和服务通常是由知识和智力转化而成的无形的成果，并受到版权的保护。美国将文化产业直接定义为版权产业，英国在《英国创意产业路径文件》中将创意产业界定为"源于个人创意、技巧和才华，通过知识产权的开发和利用形成具有创造财富和就业潜力的行业"。因为文化产品和相关的服务是知识、技能和创意的产物，因此与版权密切相关。所以，文化产业的核心是版权产业，依照美国的划分，版权产业包括以下四类：

（1）核心类的版权产业。核心类的版权产业的特征是创造有版权的作品或受版权保护的物质产品，可以对这类享有版权的作品进行再创作、复制、生产和传播，如图书、报刊、书籍出版、电台和电视台广播、录音节目制作及影视磁带出版、电影制作、戏剧创作演出、广告，还有计算机软件开发和数据处理等信息产业。

（2）部分的版权产业。部分的版权产业指的是产业中产品的某些方面或者部分符合版权保护的要求，如服装、纺织品、家具、玩具等。

（3）发行类的版权产业。发行类的版权产业是指对有版权的作品进行批发和零售，如影像制品店、书店等。

（4）版权关联产业。版权关联产业是指那些生产加工及销售主要以帮助创造生产，或者是用于版权相关生产的产品的产业，如计算机、收音机、电视机、音响设备等。

20世纪上半叶，文化产业在世界范围内不太发达，尤其是在第三世界更是如此。20世纪90年代以来，随着数字化、网络传输、电子出版等高新技术的快速发展和在文化领域的广泛应用，大大推动了我国以版权产业为核心的文化产业的发展，文化产业在我国经济体系中所占比重快速提升，正在成为我国经济新的增长点，甚至成为国民经济的支柱产业。

二、文化产业依赖于知识产权的保护

文化产业所生产的是愉悦人精神生活的文化产品或提供相关的文化服务，它所依赖的更多的是知识、技能与创意，其产品在生产和研发阶段往往成本很高、投入很大，但是一旦投入市场以后，其复制模仿的成本却很低，特别是在信息网络技术迅猛发展的今天，文化产业中同质化现象越来越严重，这就使原有的市场很容易被瓜分，文化产品主体无法得到与之投入成正比的收入，长此以往，原创积极性必将大大受挫，文化产业也将无法得到持续稳定的发展。

为了保护知识产权，为文化产业的健康发展保驾护航，国家根据文化产业领域出现的新特征和新业态，不断完善和修改有关知识产权领域的相关法律制度。如2021年6月1日起正式实施的新修订的《中华人民共和国著作权法》正是基于此。该法律是知识产权保护的基础法律之一，自1991年6月1日实施以来，历经2001年、2010年两次修改，这次是著作权法第三次调整修改。此次修订是我国著作权法律事业新的里程碑，为版权事业创新发展提供了基本制度遵循。其修订的重点内容包括以下几项：

（1）完善作品定义。将"电影作品和以类似摄制电影的方法创作的作品"修改为"视听作品"，并增加"符合作品特征的其他智力成果"的表述，解决了视听产业发展中新类型作品的版权保护问题，如短视频、直播游戏等。新法即明确"视听作品"只要满足"独创性"等法定作品特征，就可能获得版权保护，这不仅扩大了著作权法律覆盖的范围，也符合国际惯例。

（2）加大了侵权行为打击力度。规定侵权行为情节严重的，可以适用赔偿数额1倍以上5倍以下的惩罚性赔偿；增加侵权法定赔偿额下限，并将法定赔偿额上限由50万元提高到500万元。不仅加大赔偿力度，同时，还引入惩罚性赔偿，如在侵权人掌握相关账簿、资料而拒不提供或提供虚假账簿、资料等的情况下，可以减轻权利人的举证责任，甚至法院"可以参考权利人的主张和提供的证据确定赔偿数额"。对侵权者加大打击力度，加大其侵权成本，有助于鼓励使用者通过合法授权使用作品。

（3）完善权利制度，更好平衡作品传播中的利益关系。明确了新闻单位工作人员创作的作品为职务作品，作者享有署名权，著作权由法人或非法人组织享有；引入了录音制作者的表演权和广播权；明确广播电台、电视台有权禁止未经其许可将其播放的广播、电视通过信息网络向公众传播，并要求其行使相关权利时不得影响、限制或侵害他人行使著作权或与著作权有关的权利等。这些新规定与国际上大多数国家的规定一致，对我国宣传文化事业的发展营造了良好的机制环境。

三、知识产权管理制度还需完善

近年来，我国在保护知识产权领域所出台的一系列政策和法律法规（图3-2），加大了知识产权的保护和管理，目前我国文化产业发展中的知识产权保护已经初见成效。但是文创企业知识产权管理制度不健全，主要体现在以下几个方面：

（1）企业自身知识产权管理体系不健全。大部分的中小企业，没有建立起良好有效的知识产权管理体系，存在企业知识产权管理部门缺失、管理制度匮乏、知识产权管理人才缺乏、研发资金投入不足、重开发引进而轻消化吸收等方面的问题。如一些企业对员工在职期间的创作成果的知识产权归属没有相关约定。

（2）缺乏足够的知识产权意识。一方面，中小企业对技术创新成果的产权化意识不强，使创作成果不能有效地转化为知识产权利益，由此导致了企业自主知识产权数量不多；另一方面，文化创意企业在经营过程中还没有树立"权利先于创造"的理念，导致很多企业未进行著作权登记，给了侵权者可乘之机，一些企业则对经营过程中使用的商标标识、企业标志等未及时进行商标注册，导致自身品牌被他人抢注等。

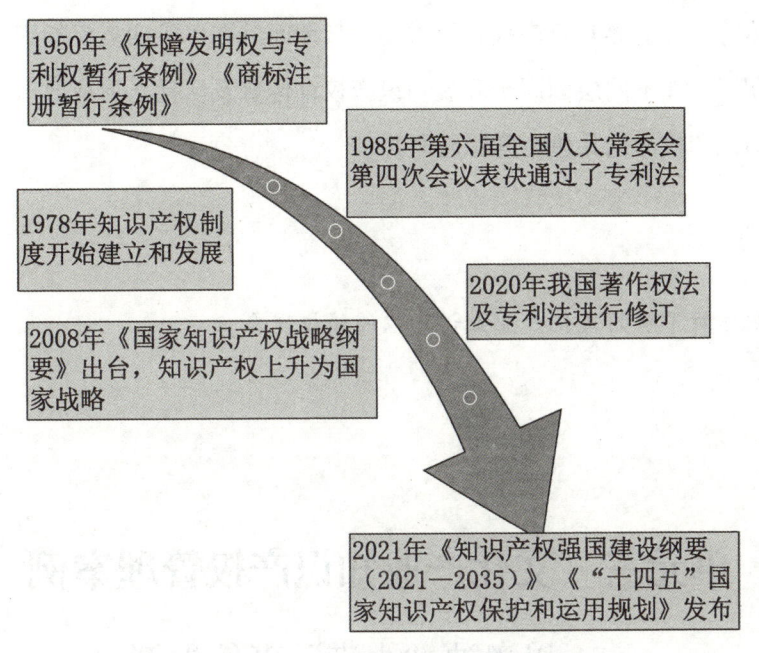

图 3-2 我国知识产权体系建设政策发展历程

四、增强全社会尊重和保护知识产权的意识

近十年来，我国知识产权事业不断发展，走出了一条中国特色知识产权发展之路，知识产权保护工作取得了历史性成就，全社会尊重和保护知识产权意识明显提升。为了进一步高效促进知识产权的运用，激发全社会创新活力，推动构建新发展格局，提升全社会尊重和保护知识产权的意识，"十四五"期间，党和国家对于知识产权文化建设提出了新的战略要求，一是着力构建知识产权大宣传格局。围绕中共中央、国务院关于知识产权工作的决策部署，紧扣知识产权中心工作，强化宣传策划，做好政策解读。二是开展分众化知识产权普及教育。针对大中小学生、创新主体、普通公众等不同群体，有针对性地开展普及宣传教育。通过学校教育促进知识产权文化与法治文化、创新文化深度融合，进一步形成"教育一个学生，带动一个家庭，影响整个社会"的浓厚知识产权文化氛围。加大知识产权优秀文化作品支持与供给力度，以公众喜闻乐见的方式推进知识产权文化的社会普及，提升公众对加强知识产权保护理念的认同与重视。三是调动社会资源参与文化建设。积极促进我国知识产权文化的宣传普及机制由"政府主导"型向

"政府引导、社会参与"型转变。通过政务服务平台等加强与公众的交流,真正使知识产权管理工作与公众需求实现无缝对接、协调互动。推动学术繁荣,鼓励支持社会各界参与知识产权理论和实践问题研究。积极联合民间智库、产业协会、社会团体、媒体联盟、创新主体等,在世界知识产权日等重要节日期间、在"十四五"知识产权规划等重大政策印发期间,在不同层面同步开展知识产权宣传普及活动,形成政府引领带动、各界广泛参与知识产权文化共建的良好局面。

【课堂思考】

举例说明你所了解的文化产业知识产权的侵权现象。

单元三　文化产业知识产权管理案例
——以奥迪"小满"事件为例

2022年5月21日是中国二十四节气——小满,奥迪在当天发布了一则与刘德华合作的《人生小满》的视频广告,因颇具哲理的视频文案以及代言人刘德华的亲和形象,该广告迅速在网络上刷屏,广受好评。然而不久后,抖音博主"北大满哥"爆料指出,该广告的视频文案与自己在2021年所发布的一条视频基本上如出一辙,内容文字几乎一致。"奥迪小满广告抄袭"话题迅速占领各大社交平台热搜榜第一,从"年度最佳广告"到"抄袭丢人现眼",极大的反差引起舆论广泛关注和热议。

资料来源:吴钱顺.奥迪"小满",舆论"大作"[N].

荆楚网(湖北日报网),2022-05-31.

近年来,小说、剧本、综艺节目、广告创意等被爆料抄袭的事件频繁发生,奥迪小满广告抄袭事件,只是互联网时代侵权抄袭现象的一个缩影,但是却给我们上了一堂生动的有关著作权保护的公开课。

一、著作权侵权问题

依据新修订的《中华人民共和国著作权法》第三条规定"本法所称的作品,是指文学、艺术和科学领域内具有独创性并能以一定形式表现的智力成果。"另《中华人民共和国著作权法实施条例》第二条指出:"著作权法所称作品,是指文学、艺术和科学领域内具有独创性并能以某种有形形式复制的智力成果。"网络短视频等新型作品如符合具有独创性,并且能以一定形式表现的智力成果的条件,就能够被纳入著作权保护范围内。结合"北大满哥"2021年小满之日发布的短视频文案,我们可以看到,虽然文案内容并非全部原创,但是通过借鉴北宋名臣和著名书法家蔡襄的《十三日吉祥探花》的诗句,利用小满节气表达一种中庸和知足常乐的人生态度,具有独创性,且其属于能以一定形式表现的智力成果,因而,"北大满哥"所发表的短视频应属于著作权意义上的作品,享有著作权,应当依法予以保护。而比对以后不难发现,奥迪小满广告视频文案和"北大满哥"发布的视频文案几乎一模一样,只不过把说文案的主角更换了一个人而已。如果最终证实涉事视频的文案确系抄袭,那么视频制作者则涉嫌侵犯了"北大满哥"的著作权。

二、企业需加强自身监督与管理

此次广告的创意与执行来自国内的某知名广告公司,该公司成立于2002年,也承接过众多品牌的营销,是一家以创意著称的公司。这一事件反映出的是当下不少公司版权意识薄弱,对于知识产权与原创不够尊重。一家大型的车企,理应对其营销内容进行严格的审核与监督,因为在互联网时代,任何营销传播上的细节都会对社会价值观产生巨大影响,对其品牌本身也会造成影响。因此,广告公司应进一步加强版权意识,人民日报评论对此亦撰文称,任何个人、企业、平台都应加强版权意识。与此同时,奥迪也需要加强自身的管理,以避免此类问题发生,尊重知识产权,积极履行企业的营销责任。

三、创意可贵,值得尊重

广告行业自诞生起,就是一个特别强调创意的行业,"原创"被视为基本准则,创意虽然看不见摸不着,但是却极为昂贵。随着互联网技术发展,海量资讯充盈网络,但是这不但没有成为广告人思想碰撞的资源，反倒给一些广告人提供了低成本的抄袭空间，这一方面说明广告行业版权意识薄弱，另外，也反映了创意在这个时代的可贵和稀缺。因此，原创的精神显得尤为可贵，值得尊重。从业者可以通过抄袭轻易获得利润，但却是对原创精神的戕害和打击。我们生活在一个知识共享的时代，人们获取各种信息方式越来越便利，但这一切并非轻易得来。这背后实际上是无数知识和智慧的集合，因此，对原创精神的尊重和保护理应成为我们这一代人的共识，只有依托这种共识，我们才能享受更加精彩惬意的创意生活。

视频：汽车品牌广告文案侵权案例

课堂思考

想一想：

1. 金庸先生于 2018 年离世，请问他的作品还能产生价值吗？

2. 若有人想翻拍金庸先生的作品《天龙八部》《神雕侠侣》等，依然要支付高昂的授权费用。那么，这些著作权收益应当如何分配呢？

单元四　文化产业知识产权管理案例
——以吴冠中伪作案为例

2008 年，上海收藏者苏敏罗状告北京瀚海拍卖公司拍卖吴冠中假画《池塘》一案引起了广泛的社会关注。起因是 2005 年 12 月 11 日在瀚海的秋季拍卖会上，上海买家苏敏罗以 253 万买下了拍品吴冠中的油画《池塘》，但后来当苏敏罗出手拍卖时被视为赝品拒收。为了将画的真伪弄个水落石出，苏敏罗来京找到当时还健在的吴冠中本人，请求给予鉴定。在得知事情的原委后，吴冠中仔细查看了《池塘》，在画上写下"此画非我所作，系伪作"的鉴定结论。苏敏罗找到瀚海拍卖公司说只能退还23万元佣金，而该画的委托方索卡画廊负责人称自己也是"受害者"。最后，买家选择法律诉讼，北京第一中级人民法院受理了此案，后因拍卖方在拍卖前声明了不承担瑕疵担保责任，故买家败诉。

案例分析： 书画作品不同于文学及其他艺术类作品，仅从直观上的真伪对比就可判别，书画没有确定的量化指标。因此，历来书画界的作伪现象层出不穷，这不仅严重侵害了原作者的利益，也破坏了书画艺术品市场的正常运作秩序。

吴冠中先生的油画《池塘》经过其本人鉴定为伪作，当属可信，作伪者毫无疑问侵犯了作者的著作权，但是瀚海拍卖公司在法庭答辩中坚称："让画家本人来鉴定其作品的真伪，存在很多弊端，也不符合司法规定……书画的鉴定，主观性很强，弹性很强，画家不能既当运动员又当裁判员。"最终该件假画案并没有支持吴冠中先生维护自己著作权的自证而判决原告败诉。

事实上，即便是具有相应鉴定资质的书画鉴定家，面对法律诉讼时，也会因鉴定结果不具有司法效力而陷于无奈。此外，多年来书画市场的真伪鉴定风波所凸显出来的很多问题悬而未决，使书画著作权的保护成为空谈。例如，在权势的威慑和利益的诱惑下，有的书画鉴定家表现得并非客观公正，学术良知和做人道德有时也会成为权力和金钱的俘虏，这样的案例也比比皆是。而《拍卖规则》的"不承担瑕疵担保责任"即包含不承担真假担保责任，也最终成了拍卖机构不对赝品承担法律责任的"尚方宝剑"。因此，就维权而言，在理论层面提出维护书画作品的著作权和版权不难，一旦付诸实际操作，问题可能远非想象的那么简单，这不仅涉及书画真伪鉴定的问题，还需要落实到立法和修法这一根本问题上，有法可依才是从源头治本的关键所在。

知识拓展

扫描二维码，阅读案例。

思考：结合上述案例，请谈谈艺术品的版权该如何界定。

知识拓展：艺术品的版权归谁所有？

文化产业管理：理论与实践

思政园地

回顾党的十八大以来的十年，在党中央的坚强领导下，我国知识产权事业实现了大发展和大提升，形成了一系列标志性成果，取得举世瞩目的历史性成就，成为党和国家新时代十年伟大变革的有机组成部分。新时代，党的二十大对知识产权工作又做了新部署和新要求，我们要把知识产权强国建设主动融入社会主义现代化强国建设的宏大场景中，牢牢把握中国式现代化的战略目标，准确认识知识产权的功能定位，统筹推进《知识产权强国建设纲要（2021—2035年）》和《"十四五"国家知识产权保护和运用规划》的实施，坚定不移走好中国特色知识产权发展之路，确保知识产权强国建设始终沿着党指引的方向前进，与社会主义现代化强国建设合拍共振，提供有力支撑。

模块自测

一、单选题

1.（　　）归属一般以作品上的署名为标志，可以根据署名判断。

　　A. 著作权　　　　　　　　B. 专利权

　　C. 商标权　　　　　　　　D. 商业秘密权

2.《中华人民共和国专利法》颁布至今经过了（　　）次修改。

　　A. 1　　　　　　　　　　B. 3

　　C. 2　　　　　　　　　　D. 4

二、多选题

1. 知识产权法律特征包括（　　）。

　　A. 时间性　　　　　　　　B. 无形性

　　C. 地域性　　　　　　　　D. 专有性

2. 中国加入了大部分知识产权的国际多边条约，包括（　　）。

　　A. 保护工业产权巴黎条约

　　B. 世界版权公约

　　C. 保护文学和艺术作品伯尔尼条约

　　D. 与贸易有关的知识产权协定

三、判断题

1. 知识产权是物权和债权并列的财产权利。（　　）
2. 不同知识产权的保护期限也各不相同。（　　）

四、简答题

1. 文化产业和知识产权是什么关系？
2. 为什么说文化产业的核心是版权产业？

模块四 博物馆文创产业管理

案例导入

让博物馆文创"潮"起来

2022年，甘肃省博物馆研发设计的一款"马踏飞燕"毛绒玩偶文创产品走红网络，推出仅半个月，线上线下全部售空，"一马难求"成为社会热点话题。"马踏飞燕"毛绒玩偶的灵感来源于甘肃省博物馆的镇馆之宝——铜奔马。这件铜奔马是甘肃武威市雷台汉墓出土铜车马仪仗队中的一匹，距今已有2 000多年的历史。高冷严肃的"镇馆之宝"，化身毛绒玩偶后为何大受消费者欢迎？抓住年轻人内心的恐怕是其欢脱搞笑的"丑萌"形象。自带喜感的形象、俏皮有趣且活力满满的神态，确实把"丑萌"演绎得惟妙惟肖。同时设计元素中的绿色和马，让人很容易联想到绿码，迎合了大家盼望疫情尽快结束的心理需求，不少网友直呼"就为绿马（码）在手，也要再来一单"。该文创产品的设计契合年轻人审美的创意，符合当下需求的设计，大概就是"马踏飞燕"毛绒玩偶的破圈之道。

资料来源：让博物馆文创"潮"起来.[EB/OL][2022-07-11].

案例分析：从2015年起国家一系列政策法规密集出台，鼓励深入挖掘文化文物单位馆藏文物资源，发展文化创意产业，开发文化创意产品，弘扬中华优秀文化，传承中华文明，提升国家软实力。之后，以中国国家博物馆和北京故宫博物院为代表的一些博物馆在"互联网+"浪潮下积极尝试"互联网+博物馆"的文创模式，生产出了一系列广受欢迎的文创产品，同时有力带动了国内其他博物馆文创产业的发展，案例中"马踏飞燕"毛绒玩偶文创产品走红网络，正是这一背景下的产物。

博物馆是国家的文化符号，是民族文化的物质载体，是国家传播和展示文明成就的重要窗口。如何准确把握博物馆内在的文化内涵，创造出符合人民美好需要，具有历史性、文化性和趣味性的文化创意产品应成为每个博物馆深思的问题。本模块首先介绍博物馆与文创产业的关系及艺术授权等问题，然后分析国内外具有代表性的博物馆的文创产业发展之路，并以文创产业较为成熟的北京故宫博物院为研究对象，探索故宫文创品牌转型的特点，归纳故宫文创产品发展的原因，最后以浙江省内第一家综合体内美术馆——国大·恒庐美术馆为例，分析其在新时代的创新经营之道，为其他博物馆的发展提供参考与借鉴。

学习目标

知识目标

1. 了解博物馆文创产品的特征；
2. 掌握博物馆与文创产业的关系；
3. 熟悉国内外具有代表性博物馆文创产业的发展模式。

能力目标

1. 能够对国内外博物馆的文创营销模式进行比较与分析；
2. 能够为博物馆文创产品提供营销策划方案；
3. 能够为博物馆的经营与管理提供合理的建议。

素养目标

1. 热爱优秀传统文化，树立传承与弘扬优秀传统文化的价值观；
2. 感受中华优秀传统文化的博大精深，坚定文化自信；
3. 培养创新创意思维，根植互联网+的营销思路。

单元一　博物馆文创产业概述

一、博物馆文创的定义

博物馆文创，全称"博物馆文化创意产品"，其内容包括博物馆文化产品、博物馆衍生品、博物馆纪念品、博物馆商品等。在实际运用中，人们对这几个概念没有严格的区分。博物馆文创产品可以从广义和狭义两个方面理解。狭义的博物馆文创指的是以博物馆藏品为创意元素生产的有形产品，如杯垫、丝巾、冰箱贴、书签等；广义的博物馆文创则既包括文物复仿制品、传统工艺美术品等没有新增附加值的旅游纪念品，也包括博物馆开发的 App 应用、数字游艺等参与性活动、音乐剧表演等无形产品，其共同的特征是通过产品促进博物馆文化的传播和价值的实现。

二、博物馆文创产业界定、发展意义与发展历程

（一）博物馆文创产业的界定

"博物馆文化创意产业"和"文化创意产业"一样没有严格的定义。博物馆文创产业是将"文化"与"创意"作为产业的核心，注重运用知识产权，通过知识产权的开发、转移与流通，增强文化与创意在产业中的价值和生命力。

在博物馆文创产业中，文化是根基，创意是灵魂，产业是实体，文化、创意与产业三者的紧密结合是博物馆文创产业发展的基础和前提。在文创产业立项的最初阶段，通常是从博物馆的文化内涵入手，着手挖掘文化方面的因素，而到了产品研发、服务研发的阶段时，就要重点突出创意，发掘博物馆的创意文化因素，最后在尊重市场规律的前提下，转化文化资源，实现产品生产、销售与服务的创新。

（二）博物馆文创产业的发展意义

我国 2015 年 3 月实施的《博物馆条例》规定："国家鼓励博物馆挖掘藏品内涵，与文化创意、旅游等产业相结合，开发衍生产品，增强博物馆发展能力。"随着文创经济世界范围的蓬勃发展，博物馆不能再单靠馆藏历史文物展出这一社会服务方式，对历史

文物资源的开发迫在眉睫。2022 年 8 月，第 26 届国际博物馆协会大会在捷克共和国首都布拉格举行，大会通过了博物馆的新定义："博物馆是为社会服务的非营利性常设机构，研究、收藏、保护、阐释和展览物质与非物质遗产；向公众开放，具有可及性和包容性，促进多样性和可持续性；以符合道德且专业的方式进行运营和交流，并在社区的参与下，为教育、欣赏、深思和知识共享提供多种体验。"博物馆的新定义弱化了博物馆的神圣性和原真性，强调博物馆的公众视角和社区参与，彰显了博物馆面向社区与公众的开放性、包容性和渗透性特质。因此，发展博物馆文化创意产业得到了国家政策的大力支持，是满足博物馆在新时代更好地履行自身职责的必然要求。

博物馆文创产业的发展，可以同时满足以上需求。博物馆对馆藏文物进行开发具有天然优势，许多文物在一定范围内可谓家喻户晓，许多知名的大博物馆藏品闻名天下。如达·芬奇的蒙娜丽莎、秦始皇陵兵马俑等。这些文物的标志大众耳熟能详，文创产品经过专业人员的巧妙设计将产品集美观、实用与收藏为一体定能被广大爱好者所接受。而观众在购买博物馆文创产品后，可以获得附着在文创产品上的藏品知识，这样能使博物馆更好地发挥教育和服务观众的职能，观众不仅成为知识内容信息的接受者，也是产品和文化的传播者，博物馆在此过程中也能够更好地宣传和彰显自身独特的文化与价值。

值得注意的是，博物馆在进行商业开发的过程中，也需要遵循一定的原则，2016 年在柏林举行的 Museum Next 年会上，英国自然历史博物馆的国际交互官吉姆·布劳顿（Jim Broughon）分享了博物馆进行商业活动的五个原则：有利于博物馆的品牌声誉；有利于博物馆的观众交互；有利于博物馆的科研能力；有利于博物馆的知识传播；有利于博物馆的收入增加。

以上五个原则中，不同的博物馆或有不同的侧重点，虽然博物馆进行商业活动，增加收入是必然的结果，但绝不是根本性的目标。由于博物馆的非营利性，所以在定义博物馆文创产业的性质时，不应只看到它的商业性，应该更多地侧重于它的文化性质与自身职能的实现，如与观众的交互性，提升博物馆自身的品牌形象等。

（三）博物馆文创发展历程

1. 萌芽阶段

1871 年，秉着"鼓励和发展艺术在生产和日常生活中应用，推动艺术通识教育"的宗旨，美国大都会艺术博物馆成立了第一家博物馆商店，以馆藏精品复制和传播为主营业务。此后很长时间，博物馆文创处于不被重视状态，很多博物馆有柜台，主要销售便签、海报、印刷品、工艺复制品、书籍、绘画工具等，不能称为严格意义上的文创产品。

2. 探索阶段

1973年，大英博物馆成立股份有限公司，主要负责文物复制品或纪念商品的批发及零售、出版、制造及授权业务。基于博物馆的典藏品，通过授权方式与许多制造商合作，制造出复制品或纪念艺术品，从珠宝到日历、杯垫再到颜料等。20世纪80年代以后，随着国家财政对博物馆资助的减少，博物馆自身经营压力增加，"新博物馆学"开始兴起，加上博物馆的观众已经不满足于从柜台购买明信片和导览册，开发文创产品、开设博物馆商店成为大多数博物馆的必然选择。

3. 发展阶段

如今的很多博物馆，文创开发已经形成了一套成熟的开发和授权模式，开始在全球范围内开展合作，拓展业务，如自2007年起，大都会博物馆委托Art Resource公司代理其在南非的授权业务，委托法国国家博物馆联合会（RMN）代理其在北美以外的业务。2018年7月，大英博物馆天猫旗舰店上线，在中国市场开展独立授权及经营业务，目前已有50多万粉丝。

中国博物馆的文创开发最初出现在上海博物馆，1996年上海博物馆成立以企业形式独立核算的艺术品公司，要求公司85%的产品是原创，自设自产。产品最初主要消费定位是外宾的礼品，走高端路线。2008年金融危机导致外宾消费下降，上海博物馆开始将消费目光转向国内，设计低端亲民的日用品，如抱枕、耳机等。

博物馆文创高潮掀起于故宫，台北故宫博物院于20世纪60年代开始做商品运营，最初是对文物的单纯复制，追求仿真，还不能称为严格意义上的文创。2000年开始，台北故宫博物院向全球厂商征询创意，并通过与有实力的品牌进行合作，开发文创产品，打开了文创产品开发的思路。

2013年，台北故宫博物院的"朕知道了"胶带走红后，受其影响，北京故宫博物院转变原来博物馆商店的经营理念和经营模式，举办文创大赛，向全社会征集创意，开始进行文创开发。2015年《博物馆条例》修订后，全国其他博物馆也都开始进行文创产品开发，掀起了全民文创的热潮。截至2017年，国内文创开发做得最好的故宫博物院已经开发出万余种文创产品，创下了15亿元的年盈收。

三、博物馆文创产业存在的问题

（一）产品同质化严重

文创产品的核心是设计，缺乏创意和设计的文创产品注定是走不远的，目前不少博物馆对馆藏文物的文化符号还仅停留在简单的复制粘贴上，照搬照抄之风严重。如继北京故宫博物院开启了文创产品的"萌系"风格之后，内地很多博物馆都开始追效仿风格，几乎每家博物馆都推出了以卡通形象为主要元素的文创产品。又如，中国台北"国立故宫博物院"推出的令其名声大噪的两种爆款（"清宫家族"和"朕知道了"纸胶带）之后，截至 2018 年，博物馆、各景区已开发出至少 340 种不同纹样的纸胶带，美其名曰为满足市场需要，实际上是盲目跟风的体现。

（二）产业发展不均衡

从全国来看，我国文博设施建设整体分布不均衡。相关数据显示，截至 2021 年年初，我国博物馆机构总数已达到 5 432 家，但是整体分布不均衡。例如，山东省有博物馆 388 家，浙江省有 315 家，河南省有 314 家，这三省的博物馆数量在全国排名前三，博物馆总数占全国博物馆总数的 20%。从目前文创产业的发展情况看，毫无疑问北京故宫博物院遥遥领先，其中不乏北京故宫得天独厚的藏品优势、政府经费支持及政策导向等利好因素，也与博物馆自身的重视程度有关。如经济相对不发达的甘肃博物馆，近年来，在文创事业上的发展程度就远比某些经济发达的东部博物馆发展得更快更好。由此可合理推断：博物馆的文创产品事业发展成绩，不仅与精力、人力、财力的投入息息相关，而且取决于博物馆管理者的水平和发展意愿。

（三）专业人才缺失

博物馆文创行业需要一批有创意、设计、营销的多元化人才。国内博物馆大部分是体制单位，有编制限制，所以可以考虑以多种方式来同多元化人才合作，如同高校合作，同社会上一些知名的设计师合作等。台北故宫博物院有一套成熟完整的文创产品开发机制，他们善于调动社会力量来参与文创产品设计，开展文创产品设计大赛，向社会广泛征集创意产品，还给参赛者举办特展和美学讲析，方便参赛者更好地理解藏品的文化内涵，激发想象力。广受好评的"朕知道了"纸胶带以及"翠玉白菜"伞就是通过这种方式产生的。

文化产业管理：理论与实践

博物馆文创产业是我国文博产业在顺应时代发展趋势的前提下实现转型升级发展的一个切入点，虽然起步较晚，在发展中还存在许多问题，但是，在国家相关政策的大力支持，以及社会公众对博物馆文创产品极大需求的背景下，我国被认定具有文创产品开发能力和产业规模的博物馆目前已有 2 256 家，绝大多数博物馆开始了发展文创产业的尝试，我国博物馆文创产业的发展态势整体良好，呈蓬勃之态（图4-1）。

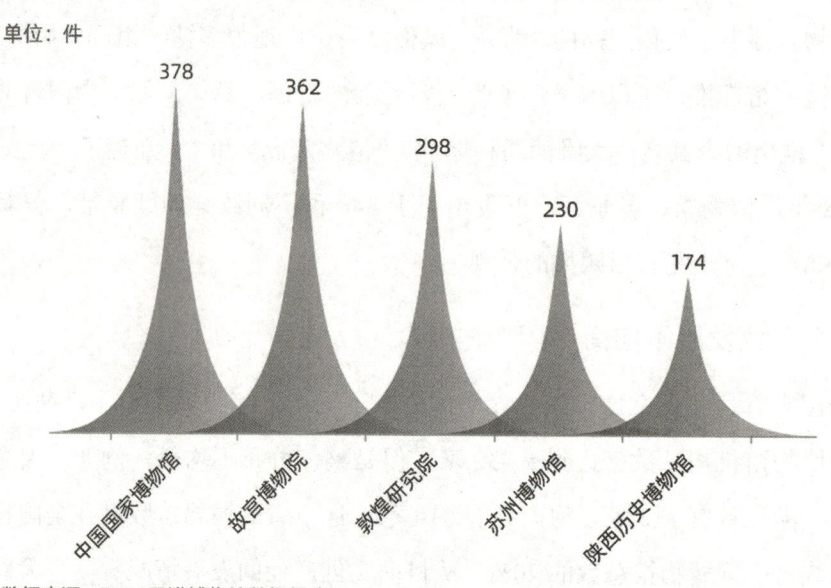

单位：件

- 中国国家博物馆：378
- 故宫博物院：362
- 敦煌研究院：298
- 苏州博物馆：230
- 陕西历史博物馆：174

数据来源：2019天猫博物馆数据报告

图 4-1　2019 年国内五大博物馆天猫旗舰店文创产品上架总量

知识拓展

从文物仿制的 1.0 版，到提取文物元素、创意生活的 2.0 版，到脱离文物本体、挖掘内涵的 3.0 版，再到打破文物局限、拓展外延的 4.0 版，博物馆文创一路"野蛮生长"，不少产品因为绝妙的创意大受欢迎。4.0 版是目前博物馆文创跨界合作的高级阶段，深挖了博物馆的文化潜能，跨界合作更系统、更科学。它们能够无限拉近博物馆与公众的距离，贴切生活，走近千家万户。正如河南博物院副院长李琴所说，用古今对话抓住观众的心，通过对传统文化的创新表达，令公众感悟中华文化的坚实内核，提升文化自信，也助推文旅融合发展。

（摘编自李韵：《从 1.0 到 4.0，博物馆文创破圈进行时》）

想一想：

从上述资料中可以看出，在文创发展之路上，各博物馆都在"上下而求索"，从1.0

版到 4.0 版，博物馆文创破圈正在进行中。请试想，未来博物馆文创还可能在哪些方面继续"破圈"前进呢？

单元二　欧美博物馆文创产品的开发

从 20 世纪 80 年代开始，西方国家在"新博物馆学运动"兴起的大背景下，欧美博物馆开启了一场变革，即不再只将文物当作中心，而是开始塑造一个以"人"为中心的展览环境，更加注重参观者的感受，开始创新出艺术衍生品的开发理念。经过几十年的发展，国外博物馆在文创产品创意、设计、生产、销售、售后等方面都已经形成了完整的产业链，文创产品的销售收入已占博物馆收入很大的比例，成为支柱性产业，对社会生活产生了极大的影响，增强了国家实力，提升了国家形象。其中，以美国和英国的文化创意产业发展最为突出，本单元以美国纽约大都会博物馆和英国大英博物馆为例，介绍其文创产品的现状与经营模式，为我国当下博物馆文创产业的发展提供参考和借鉴。

一、美国纽约大都会博物馆

美国纽约大都会博物馆成立于 1870 年，全部由私人筹募资金并依靠社会捐助来运作，但仅仅百余年时间就发展成世界级博物馆。大都会博物馆作为一家私人非营利博物馆，得到的政府拨款非常有限。但主要依托馆藏名人作品开发的大都会博物馆文创产品，却深受各国游客的喜爱，带来的收入也非常可观。《大都会博物馆 2018—2019 年年度报告》显示，该博物馆在 2018 年 7 月至 2019 年 6 月这一年间，总收入达到 3.88 亿美元，其中门票和会员费收入总计 8 415 万美元，占总收入的 21.7%，而以文创产品为主的"零售收入"超过了门票和会员费，达到了 8 584 万美元，占总收入的 22.1%。大都会博物馆独特的经营理念主要体现在以下几个方面。

1. 挑选明星产品，深度开发

大都会博物馆藏有 16 幅荷兰印象派画家凡·高的画作。以凡·高名画创作的文创产品，成为大都会博物馆礼品店的明星产品。博物馆礼品店销售的凡·高相关商品共有近百件，既有画册、冰箱贴、杯垫、钥匙链、水杯、雨伞、衣服等各种实用的日用品，也有手镯、耳钉等较为贵重的首饰等。其中最便宜的商品是一个印着凡·高画作《鸢尾花》的冰箱贴（图4-2），价格为6.5美元。最贵的商品是荷兰一家工作室制作的绘有凡·高三幅画作的纯手绘布包，价格为235美元。而最为热销的中高端商品则是三只一套的22 K镀金手镯（图4-3），上面的图案取材自馆藏凡·高的两幅画《鸢尾花》和《玫瑰》，标价为135美元。

图4-2　印有凡·高画作的冰箱贴文创作品（图片来源：百度）

图4-3　取材于凡·高画作的创意手镯

除以凡·高画作为主题的文创产品外，法国印象派画家莫奈、以制造装饰染色玻璃闻名于世的美国艺术家蒂芙尼等人的作品，以及东亚文明、古埃及和古罗马文明的图纹、雕塑等，也常被博物馆借鉴用来制作文创产品，这些产品的售价通常都在50美元以上，有的甚至高达数百美元，但是深受游客们的欢迎。

2. 多方联合，构建博物馆文创产品产业链

美国博物馆大多与其他博物馆及周边产业联合发展，构建博物馆文创产品产业链。美国大都会博物馆位于纽约中央街，通过联合中央公园附近的多家博物馆形成了博物馆文创产业聚焦区，该博物馆拥有独立的文创产品开发部，同时，还与其他单位联合开发。大都会博物馆最擅长的就是与众多行业联合开发的珠宝首饰类文创产品，将博物馆的艺术藏品与珠宝首饰结合，是该博物馆的创举之一。例如，依照名画里人物所戴的项链样式，开发出了系列女性饰品，深受女性消费者的喜欢。大都会的文创产品商店不仅仅设在博物馆内，而是已经变成一个独立的产业分布在世界各地。美国境内有6家，澳大利亚有3家，墨西哥有5家，泰国有2家。这16家商店在通过对艺术品的学术研究出版、印刷和3D打印融入了具有所在国家独有区域特色元素，使这些商品更具地域性，更有吸引力，使艺术品被更多更广的人群认识、理解、欣赏。

3. 活泼与创意并举，凸显自身特色

大都会艺术博物馆旗舰店于2019年开始入驻天猫商城，并首发了50多件新品。与大英博物馆相比，大都会博物馆在中国的认知度稍低一些，为了与大英文创"萌系"路线进行区别，大都会艺术博物馆利用自身丰富的美国现代艺术藏品，开创活泼路线，针对向往美好生活方式的中产阶级，或是关心艺术、关心时尚的消费群体，其首批在天猫官方旗舰店上新的商品，不仅有美国当代艺术家阿道夫·德恩的画作《中央公园之春》周边衍生品晴雨伞，还有一系列深受当下年轻人喜欢的坎普风格的作品，以树叶遮羞的裸男大卫的围裙、拉斐尔前派艺术家罗塞蒂名画《莉莉丝夫人》丝巾，以及Tiffany工作室出品的琉璃首饰等，其活泼、夸张又极具个性的风格吸引了不少国内粉丝。

二、大英博物馆

大英博物馆始建于1753年，是世界上规模最大、历史最悠久的综合类博物馆，是世界上三大博物馆之一，也是世界上首家国立公共博物馆。自二十世纪八九十年代起，大英博物馆就走上了文创产品开发的道路，其艺术衍生品年均营业收入已突破2亿美元。这家"世界的博物馆"是如何经营文创产业的？

1. 注重标志性文物的内涵提炼，特色化开发文创用品

大英博物馆馆藏极其丰富，其中以中国、古埃及、古希腊的文物居多。针对标志性的文物进行特色化开发，深度挖掘产品特征，并适当延伸，进而开发出不同的衍生品。最经典的几个文创主题，如最为人耳熟能详的，制作于古埃及国王托勒密五世统治时期的"罗塞塔石碑"，它的发现及文字的破译被学术界认为是"通往古埃及文明的钥匙"。以"罗塞塔石碑"为创意来源的衍生品几乎覆盖了生活的方方面面，包括服装、玩具、首饰、杯子、钥匙扣、U盘、充电宝及抱枕等多达六十九种，其文创衍生品数量的庞大，不仅突出了罗塞塔石碑的历史地位与重要性，也给予了消费者更多的选择，增加了消费者黏性购物的可能性，扩大了商品的销量，最终最大限度地宣传罗塞塔石碑所蕴含的文化内涵（图4-4）。

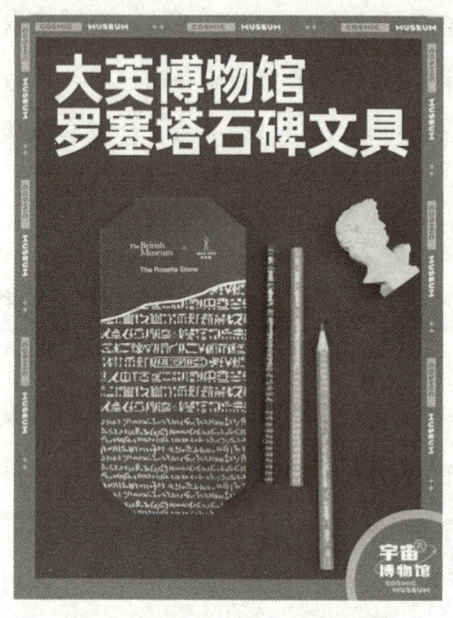

图4-4　以罗塞塔为创意来源的文具和U盘（图片来源：百度）

2. 外延拓展、多方联动

除挖掘馆藏文物的 IP 价值外，大英博物馆还会根据不同的特展开发相对应的文创产品。如以它的"Manga"日本漫画特展为例，博物馆收集了日本知名漫画家的手稿，从两百多年前的葛饰北斋开始回顾漫画的发展历史，展现当代漫画艺术家的风采。特展出口处设置了漫画纪念品商店，主营漫画周边，同时，也销售来自日本的零食、书籍，以及有关日本的文化衫、装饰品等，充分挖掘展览背后的文化内涵。更加特别的是，展馆外的饮食区联动推出了"MangaCafe"售卖定制食品，其中定制三明治原料使用豆腐、日本芥末等常见的东亚食材，还推出了烤鸭卷饼，既将"日本漫画"的外延拓展到"东方美学"，又创造了一定的经济收益。

3. 多种渠道，因地制宜、满足需求

大英博物馆的文创产品除可以在博物馆商店内购买外，还可以在网络上订购，不仅在英国本土可以购买，大英博物馆还在世界各地开设不同的购买渠道，大英博物馆已经开设了网络旗舰店，正式入驻天猫商城。虽然天猫旗舰店属于官方渠道，但是销售的商品和英国本土有所不同。据了解，大英的做法是将 IP 授权给中国公司进行二次创作和开发，以满足中国市场需求；博物馆自身负责对设计方案进行把关。观察天猫旗舰店

可以发现，许多商品带有强烈的中国特色，如折扇、风车扇、红包套等，但主题非常鲜明，没有偏离大英博物馆文物的原有内涵。例如，其中一款销量很高的"罗塞塔石碑指甲贴"，中国的买家纷纷给出"精致美丽""喜欢埃及文化"的评价，达到了传播文化的目的。根据阿里数据公布的《2018年天猫博物馆文创数据报告》，在线上博物馆人气排名中，2018年开店的大英博物馆名列第三，仅次于2016年开店的故宫博物院和2015年开店的中国国家博物馆；店铺第一个月内上线的六十多款文创产品迅速售罄，足以看出其面对中国市场的策略比较成功。

大英博物馆的文创产业的成功，归功于它成熟的运营体制、多种文创授权方式、开发设计具有很强的文化性与创新性及广泛而成熟的宣传策略，为中国的博物馆发展文创事业提供了有益的借鉴。

知识拓展

作为世界四大博物馆之一的大英博物馆在世界范围内拥有众多的粉丝，随着英国政府对大英博物馆预算的逐年削减，大英博物馆首先想到用IP授权的方式寻找资金来源。通过对800多万件藏品学术价值背后商业价值的挖掘，大英博物馆的文创衍生品做得有声有色。大英博物馆的商业负责人罗德里克·布坎南曾表示，"人们喜欢听故事，而我们的每个藏品背后都蕴藏着丰富的故事。我们所做的授权，就是用一种新的方式来讲故事"。

摘自马嘉会、宗泳杉.大英博物馆借国内电商拓宽"钱途"[N].北京商报，2018-07-19.

思考：资料中谈到的博物馆发展IP授权的跨界合作方式，为什么说是用一种新的方式来讲故事？这种方式会给博物馆、被授权者和消费者三方带来什么好处？

单元三　国内博物馆文创产业的发展
——以故宫博物院为例

故宫博物院前身是明清朝两代的皇宫，至今已有600多年历史，其历史悠久，文化积淀深厚。馆藏文物资源十分丰富，据统计多达180余万件，占全国文物总数的六分之一，故宫博物院因其自身建筑群的价值与藏品的广度、时间跨度等成为中国传统文化最典型的象征。近年来，在文创产业的带动下，故宫文创得到了前所未有的发展，无论是在产品的数量上还是在销量上都遥遥领先于其他博物馆文创产品，"奉旨旅行"行李牌、"朕就是这样汉子"折扇、"朝珠耳机""朕不能看透"眼罩等幽默风趣又独具匠心产品将文化底蕴与时尚潮流完美结合，截至2018年12月，故宫文化创意产品研发超过1.1万件，文创产品收入在2017年达15亿元，超过1 500家上市公司业绩，"年轻化"的故宫甚至进军了"影视圈"，《我在故宫修文物》《上新了·故宫》《国家宝藏》等电视节目，深耕每一件文物背后的历史和故事，将文物知识、文物保护、工匠精神等贯穿其中，既有新意、又有新知，2018年年底，从综艺节目到咖啡馆再到彩妆，故宫不断推陈出新，持续为公众带来不断的惊喜，一个有温度、有亲和力的故宫从"超级古董"成为新晋的"网红"，赢得了这个时代的热情接纳。

故宫成为"网红"的原因是什么？有哪些经验值得当下博物馆文创产业学习和借鉴？本单元将从北京故宫博物院文创产业发展的时代背景、开发策略、营销方式等方面，总结相关经验，以期有鉴于其他博物馆今后的发展。

一、北京故宫文创发展的时代背景

随着生活水平的不断提升，人民群众对精神层面的审美需求越来越高，审美情趣也在不断提升。十九大报告指出，中国特色社会主义进入新时代，我国社会主要矛盾已经转化为人民日益增长的美好生活需要和不平衡不充分的发展之间的矛盾。知识经济的发展使文化内容在社会生活中的重要地位越来越凸显。党的十八大以来，党和国家多次就传承中华优秀传统文化、让文物活起来做出了一系列重要论述，体现了对于文物的传承和创新发展的高度重视。

2015年2月9日，国务院发布了《博物馆条例》，其中第三十四条规定："博物馆应当根据自身特点、条件，运用现代信息技术，开展形式多样、生动活泼的社会教育和服务活动，参与社区文化建设和对外文化交流与合作。国家鼓励博物馆挖掘藏品内涵，与文化创意、旅游等产业相结合，开发衍生产品，增强博物馆发展能力。"至此，我国博物馆文创才真正被正名，成为作为非营利组织的博物馆需要开展的新业务。

2016年5月，国务院办公厅转发《关于推动文化文物单位文化创意产品开发若干意见》（以下简称《意见》）。《意见》指出，"要提升文化创意产品开发水平、完善文化创意产品营销体系、加强文化创意品牌建设和保护，以及促进文化创意产品开发的跨界融合。"2018年1月又印发了《国务院关于进一步加强文物工作的指导意见》（以下简称《指导意见》），《指导意见》指出，"大力发展文博创意产业，深入挖掘文物资源的价值内涵和文化元素，进一步调动博物馆利用收藏资源开发创意产品，扩大和引导文化消费的热情。"2021年11月国务院办公厅印发了《"十四五"文物保护和科技创新规划》（以下简称《规划》），《规划》指出，"激发博物馆创新活力、创新博物馆管理体制机制。"国家密集出台的扶持政策为博物馆文创产品的开发提供了制度保障，博物馆在利好政策下更应该勇于创新，借助现代科学技术以新形态来传递博物馆文化、弘扬优秀传统文化。

故宫博物院是首批全国重点文物保护单位及中国最早列入《世界遗产名录》的国家级博物馆，也是世界上唯一一座年接待观众达千万级的博物馆。为了"让收藏在禁宫里的文物、陈列在广阔大地上的遗产、书写在古籍里的文字都活起来。"在国家政策的大力支持下，2013年以来，故宫博物院开始全面研发文创产品，从文化挖掘、创意设计到营销宣传等方面对文创产品进行了多角度的改革与创新，截至2018年，故宫博物院共研发11 900多种文化创意产品。在创造了巨大的经济价值的同时也树立了良好的口碑，并迅速走红各大网络。

二、北京故宫文创的开发策略

（一）以文化为本，守正创新，以优质文化产品，增强文化认同

文化是文创产品的灵魂，文创产品的出发点是文化，先有"文"再有"创"，结合现代人的审美观念，将传统文化融入文创产品中设计制造出能够满足现代人需求的产品来。

故宫博物院中的大量文物是中国文化的重要载体，是中国传统思想文化的智慧与结晶。这些宝贵的文化资源无疑为故宫文创的开发与设计提供了基础。故宫文创的设计近些年在文化性上也可谓下足了功夫，通过对文物的造型、色彩、纹饰及背后的历史与传承的深入研究，提取直观鲜明的文化符号，并加以创新改良，最终形成具有中国特色的

文化产品。如将世界文化遗产天坛与人类非物质文化遗产"二十四节气"完美融合的《祈年历》，集天坛建筑美学、天文历法、物候农事、祈福文化于一体，具有审美、记事、科普等多种功能，《故宫日历》（图4-5）作为故宫博物院的文化名片，自2009年起由故宫出版社恢复发行，以生肖作为每年的出版主题，以国宝日读的理念承载文化、记录时光，展示了故宫博物院各个门类藏品及文物背后的文化内涵，其丰富的文化内容和创

图4-5 故宫日历（图片来源：百度）

意的版式设计在市面上广受欢迎。2022年是农历壬寅年，十二生肖的虎年，2022年《故宫日历》则收录与虎相关的器物、绘画、配饰、服饰等文物图片，从新石器时代的玉双虎首璜，到现代齐白石、张大千等画虎作品，生动地呈现了中华民族上下五千年关于虎文化艺术大观。还有2019年颐和园推出的"一景一颐和，一饼一风月"的"颐和一盒"月饼，把节日文化、皇家园林文化、饮食文化与传统绘画和现代工艺等巧妙融合；深受女性喜欢的故宫口红，膏体颜色均来自故宫博物院所藏的红色国宝器物，口红的外观设计则从清宫后妃服饰上的颜色和花纹图案中汲取灵感；2020年，故宫与人民日报进行合作，以《海错图》、宫殿建筑等故宫代表性文化元素为灵感，设计出的"海错图"书本灯，榫卯橡皮擦、故宫建筑彩绘练习本等；文创产品还常运用"图必有意，意必吉祥"

的造型语言，蕴含着人们对美好生活的向往和期盼，如2020年年末，故宫文创为即将到来的牛年推出的"福牛献瑞·玛瑙项链"，其设计灵感来自故宫博物院馆藏作品——韩滉的《五牛图》，牛在中华文化中是勤劳、踏实、财富的象征，作品寓意福牛携金财，传递出美好的祝福和愿望。将文物背后的文化魅力、人文情怀和艺术神韵通过产品播种到社会公众心中，赋予消费者以文化的温度，增强文化的认同和文化自信，是北京故宫博物院文创产品文化性的重要体现。

（二）以创意为魂，用"萌"趣拉近大众与故宫的距离

创意是文创产品的核心。创意指的是一种创造有意义的新样式的能力，它与人类思维紧密相连，美国斯坦福大学经济学家保罗·罗默认为伟大的进步总是源于思想。心理学界认为，创意是多种心理因素的综合活动。美国心理学家西尔瓦洛·阿瑞提认为："创意的根源正是在于人的本质。这种本质可以用复杂的神经具有的无限组合的能力来给予解释。"被誉为世界创意产业之父的英国经济学家约翰·霍金斯在他的《创意经济》一书中则认为，创意必须具备三个基本条件，即个人性、独创性、有意义性，而只有同时具备这三个条件，才能称之为创意。创意可以大幅度提升产品的附加值，最终提升产品的内涵。

产品最核心的要素是创意及创意丰满化形成的内容。创意通常也称为灵感，它不是创造一种新知识，而是在广泛的旧知识与信息基础上的新组合。打破传统知识结构和思维习惯，不受以往经验的羁绊，从不同角度产生发散性联想思维，寻求新突破。提到故宫皇帝，你脑海里会浮现什么？是身着龙袍一脸严肃地端坐在龙椅上？还是骑着战马在沙场上叱咤风云？但是故宫博物院文创团队却给了我们不同的惊喜，2014年，"故宫淘宝"微信公众号发布了一篇名为《雍正：感觉自己萌萌哒》的文章，推文中配上了动态版的《雍正行乐图》，比着剪刀手的雍正、挤眉弄眼的康熙表情包，萌化众人，引发公众的广泛关注和讨论。"朕就是这样汉子""朕甚是想你""朕实在不知怎么疼你"等雍正语录成为网络"爆款"。故宫因此顺势推出了雍正皇帝笔迹复印的"朕亦甚想你"系列折扇，摘取有潜力成为爆款的御用名句如"如朕亲临""朕不能看透""奉旨旅行"等添加到箱包、眼罩、行李牌、钥匙扣等上面，赋予这些产品新的活力。故宫在产品的设计上充分挖掘消费者所熟悉的历史故事，整合影视资源，"御前侍卫手机座""八旗不倒翁娃娃""容嬷嬷针线盒"等产品，将大众熟悉的严肃或反面历史人物娱乐化，制

造"反差萌",迅速拉近了与消费者之间的距离,使大众进一步了解传统文化。

(三)以受众为中心,满足多样化的需求

故宫文创产品在体现"萌趣"的同时,注重从消费者的角度来审视创意及文化产品的生产,注重产品的实用性,将优秀传统文化与现代人生活中必不可少的一系列生活用品相结合,品种十分丰富,将产品的视角延伸到生活的各个场景和角落,消费者只要拿起手机,浏览故宫文创商店,就能找到自己心仪的商品。如故宫最受欢迎的文化创意产品之一"朝珠耳机",将耳机功能、传统文化与彰显个性的需求结合起来,受到年轻人的欢迎;"念念光阴知足系列智能手表"则是将故宫中的经典宫标、宫廷御猫、故宫各种元素有机结合,屏幕色彩鲜亮,显示生动,佩戴舒适,再借助现代高科技将美观、舒服、智能等融为一体,既有文化内涵又有很强的实用性;原本要亲临故宫才能感受到的美景被画师印刻在日历、手账本中;故宫屋脊上的镇宅神兽变成了文具用尺上的装饰;宋代山水画集大成者《千里江山图》被做成为优雅风趣独具特色的家居摆件;"天穹护佑——藻井伞"则将故宫殿堂顶部的雕花图案复刻在伞的内部,当人们在打开伞时有如临宫殿之感;"故宫宫喵家族"系列绘图本则将故宫猫进行了卡通化、拟人化设计,从孩子们的视角讲述了故宫猫各种有趣的故事,不仅能让小孩子们学到很多的传统知识,还赋予了孩子们内心深处充满童趣、欢乐和神秘的故宫形象。

三、北京故宫文创的营销方式

了解受众的心理,通过创意设计形成符合市场需求的文创产品后,还需要选择合适的途径将产品进行宣传推广和营销。近几年,随着互联网和新媒体技术的不断发展,故宫博物院在加强传统媒体宣传的同时,借助新媒体,利用互联网技术,形成了立体化、多元化的传播和营销模式,帮助产品获得了广泛的影响力和美誉度。

(一)多媒体联合推广、丰富传播手段、拓宽传播平台

从 2016 年开始,故宫打造了大量高质量的文化节目,包括《我在故宫修文物》《国家宝藏》(参与制作)、《上新了故宫》等,向观众展示故宫珍贵文物的修复过程和工匠的生活故事,使大众熟悉和喜爱的明星作为"国宝守护人"来讲述"大国重器"们的前世今生,跟随故宫专家进宫识宝,不断深入挖掘文博领域内为人民所喜闻乐见的历史,揭秘中国传统文化的基因,在文物与观众之间建立联结,逐步拉近当代人与故宫的

距离，重塑并传播出一个鲜活、年轻、接地气的故宫形象。

　　随着数字技术和媒体技术的迅速发展，新媒体在人们的生活中发挥着越来越重要的作用，新媒体具有及时、生动、互动性强等特点，积极利用新媒体技术并合理整合多种传播工具，能更好地提升文化产品的形象。2015年《博物院条例》提出支持各博物馆根据自身的定位及风格，运用现代的媒介技术和前沿技术，开展各项服务社会的教育活动，鼓励博物馆深入地挖掘自身的文化资源底蕴和文物背后的历史内涵，进行创意互动，并与旅游产业相结合，创造属于自己的文化创意产品，增强博物馆的可持续发展能力。在国家政策的大力支持下，故宫文创业迎合着媒介技术的发展而创新，除利用报刊图书、广播电视、户外广告等传统媒体传播渠道外，还汇集了微博、微信等新媒体。将故宫之景、故宫之人、故宫文创产品的广告软文、用户产品使用体验等在微博和微信平台进行推送，风格活泼、有趣、寓教于乐，微博粉丝非常活跃，他们成为故宫文创产品传播的主力军。

　　故宫还利用现代科学技术将珍贵的文物和历史文化以数字化的形式展示给大众，自主研发推出了蕴含深厚历史文化和中国风特色的"每日故宫""故宫展览""故宫社区""胤禛美人图""皇帝的一天"等App，打造了全新的"线上故宫博物院"（图4-6），构建多元化的场景，将具有深厚文化底蕴的故宫元素通过新媒体传播到大众的生活中，以观众为中心实现文化互动体验，使故宫文化IP形象逐渐植入人们的心中。

图4-6　线上故宫

（二）线上线下销售联动，发展互联网思维

　　故宫文创产品主要的营销渠道除了线下的故宫纪念品商店，还开启了线上运营。从2008年起，由于故宫的文创产品受到广泛欢迎，线下点已经远远不能满足

消费者的需求，为了更好地服务顾客，故宫开始了线上淘宝运营，并于2010年正式上线，到2021年，故宫淘宝已积累735万粉丝，主要售卖周边文具、生活用品、饰品等，凭借精美的设计、幽默的文案、亲民的价格在电商平台占据一席之地。故宫淘宝上线之后，北京故宫又相继开设了天猫故宫博物院文创旗舰店及"朕的心意"天猫食品旗舰店等。不同平台分别交由不同团队运营，从而充分发挥竞争优势，以此提升产品创新力；截至目前，故宫已拥有四家线上店铺，包括故宫淘宝、故宫博物院文创馆、故宫博物院文创旗舰店、故宫文创旗舰店。除此之外，故宫博物院还主动整合微博、微信等营销渠道，运用幽默的网络语言、新颖文案和买家秀吸引消费者注意力，并在微博平台上与粉丝建立有趣互动的交流，除向粉丝及时更新推送有关故宫博物院的信息、历史文化知识和趣闻轶事外，还主动收集消费者意见和建议，完善产品设计。这种良好的互动，不仅树立了博物馆的良好形象，也大大提高了公众对于博物馆的关注度，从而有效促进线上产品的销售（图4-7）。

图4-7　博物馆发展互联网思维

随着故宫热度的不断上升，故宫的参观人数也在逐年攀升，2019 年超过了 1 900 万人，因此，线下销售依然是文创产品销售的重要渠道。在线下销售方面，故宫也积极推陈出新，一是创新销售商店。故宫分别于 2015 年、2017 年、2018 年在园区内开设线下文创体验馆，包括丝绸馆、服饰馆、影像馆等 8 个展馆，以及针对儿童的文创产品与相关文化体验活动，游客在参观故宫时可以前往参观，弥补了线上消费所不能获得的体验感。二是开展丰富多彩的线下营销活动。如 2018 年春节期间，故宫博物院在北京三里屯开展快闪活动，"网红"文创产品如宫廷御制糕点、故宫网红胶带、冰箱贴、日历、"佛系"养生水杯等热门文创产品首次在线下集体展卖，既有趣味性，又为京城增添了浓浓的年味，吸引了大量年轻人的目光。通过线上线下的销售联动，故宫获得了巨大流量和销量，在收获经济效益的同时，实现了故宫文化的输出。

（三）品牌联合，跨界营销

品牌在消费者心目中既是质量的保证，也是彰显个性与品位的方式，品牌联名与跨界营销是实现品牌共赢的有力手段。近年来，跨界合作成为最受欢迎的营销方式之一（图 4-8）。

典型博物馆跨界合作款产品消费者中属于品牌新客的占比

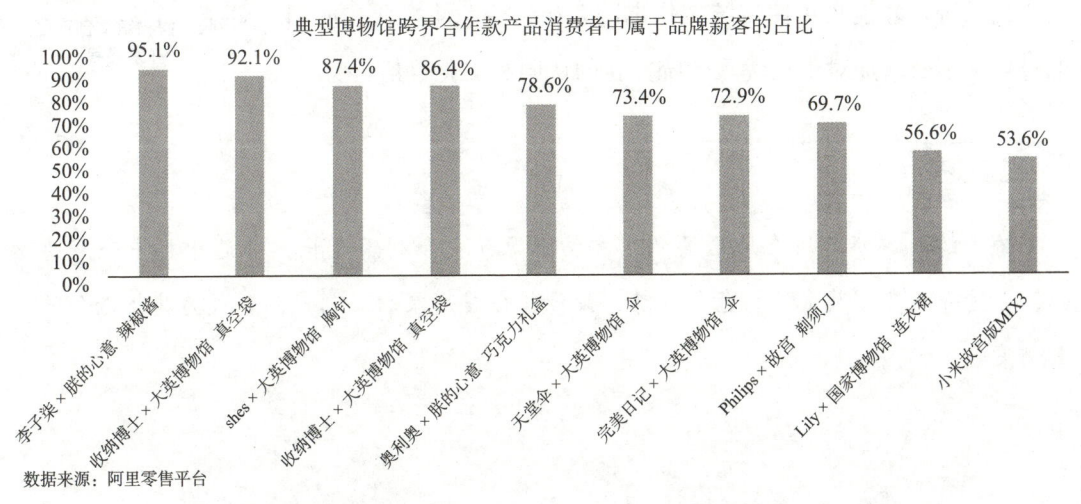

产品	占比
李子柒×朕的心意 辣椒酱	95.1%
收纳博士×大英博物馆 真空袋	92.1%
shes×大英博物馆 胸针	87.4%
收纳博士×大英博物馆 真空袋	86.4%
奥利奥×朕的心意 巧克力礼盒	78.6%
天堂伞×大英博物馆 伞	73.4%
完美日记×大英博物馆 伞	72.9%
Philips×故宫 剃须刀	69.7%
Lily×国家博物馆 连衣裙	56.6%
小米故宫版MIX3	53.6%

数据来源：阿里零售平台

图 4-8　博物馆跨界合作款产品消费者中属于品牌新客的占比示意图

当下，各个品牌都在尝试品牌跨界，而故宫无疑是跨界的宠儿，故宫通过与奥利奥、街电、安踏、时尚芭莎、小米、华为等众多品牌的跨界合作，不断进行着品牌年轻化的革新，不仅能够增加曝光度和热度，也成为推广传统文化的"国潮"新典范。

故宫与民生银行跨界合作推出的故宫文创主题信用卡，涵盖了故宫经典 IP《胤禛十二美人图》、龙袍、符牌等故宫文化元素，使受众用"奉旨刷卡"的方式将故宫文化带回家。故宫与农夫山泉合作推出的"农夫山泉故宫瓶"，用帝王及后妃的画像为设计主体，配合"本宫是水做的""朕打下的一瓶江山"等现代化网红文案，巧妙的传递着故宫的文化内涵。与新零售产业 MINISO（名创优品）官方联名合作，共同开发了故宫保温杯、故宫手账礼盒、故宫首饰及各种日用产品，在价格上不仅具有普惠性，也使宫廷文化真正"飞入寻常百姓家"，故宫还与百雀羚合作推出宫廷限量款礼盒，不仅深化了百雀羚"东方之美"的历史品牌形象，也使年轻人感受到中国传统文化的博大精深。通过品牌联名，跨界营销，故宫在新媒体语境下以跨界的方式来讲述中国故事，不仅为其创造了经济价值，更加完成了中国传统文化的传播和输出。

故宫文创能够在众多文创产品中独树一帜，并形成品牌化效应，不仅得益于抓住了现代化的传播方式和年轻化的创意理念，更核心的本质是其对故宫优秀传统文化的挖掘与传递。这也给予了其他博物馆文创产品研发以重要启示，即充分利用自身文化资源的特色优势，找到其与当代生活契合的元素，深入挖掘自己博物馆背后的传统文化，坚持文化传承，才能真正打造出优质的文创产品，塑造属于自己的文创品牌，才能真正使传统文化走进大众生活，使大众在使用的过程中不断增加对中华优秀传统文化的认同和文化自信。

视频：博物馆文创产品的开发模式

课堂思考

练一练： 调研你所在地区博物馆文物资源开发和利用现状，并选择其中一家博物馆，通过分析其馆藏资源特色和优势，设计符合其形象的文创产品，并为其打造合理的营销策略。

单元四　新时代民营美术馆经营模式的创新与转型
——以杭州国大·恒庐美术馆为例

中国的民营美术馆从 20 世纪 90 年代开始出现至今，已经走过了近 30 年的历程。在这 30 年间，这个领域呈现出既活跃又非常不稳定的状态。据统计，截至目前，全国注册的民营美术馆有 1 000 余家，目前为人所知的也就二三十家，许多民营美术馆甚至是昙花一现。1998 年先后开张的三家美术馆——成都上河美术馆、沈阳东宇美术馆、天津泰达美术馆，最终都因不同问题而停馆。作为博物馆系统中重要组成部分的民营美术馆在文化产业大发展的浪潮中何去何从？本单元试图以浙江省内第一家综合体内美术馆——国大·恒庐美术馆为例，探索民营美术馆在新时代背景下的创新与发展之路。

恒庐美术馆是杭州创办较早的民营美术馆，恒庐原为民国时坐拥西湖的一处名宅，匾额为著名学者余绍宋所写。2002 年 6 月，恒庐美术馆执行馆长席挺军先生通过公开拍卖将其拍下，并于 2004 年年底将其打造为恒庐美术馆。恒庐美术馆建馆至今已有近 20 年历史，它不仅以建筑的悠久成为杭州文脉的组成部分，还以专业的学术风气成为杭州民营美术馆中的一个文化品牌。但恒庐美术馆并没有满足已有的现状，随着文化产业的兴起，国家对文化发展的扶持与重视，恒庐美术馆也在积极探索改革与创新的发展之路。2017 年 5 月 20 日，杭州国大城市广场开业，同时，国大城市广场中的国大·恒庐美术馆随即面向公众开放。国大·恒庐美术馆因此成为浙江省首家位于城市综合体内的美术馆（图 4-9），实现了艺术与商业的完美联姻，为新时代民营美术馆经营模式的创新和转型提供了范例。

图 4-9　国大·恒庐美术馆

文化产业管理：理论与实践

一、杭州国大·恒庐美术馆经营模式转型的背景

（一）宏观背景

1. 中国进入新时代，文化产业的发展也进入了新时代

"十三五"规划纲要提出，到2020年，我国文化产业将成为我国国民经济的支柱性产业。为积极响应贯彻国家的文化政策，《浙江省文化发展"十三五"规划》把建设文化强省作为奋斗目标，而《杭州市文化创意产业发展"十三五"规划的通知》则更加明确指出，"新形势下，大力发展文创产业，积极促进文创产业与相关产业融合发展，可以更好地服务经济结构调整、产业转型升级，以及扩大内需、满足人民群众日益增长的物质文化需求。"党的十九大报告进一步明确指出中国已经进入新时代，社会主要矛盾已经转化为人民日益增长的美好生活需要和不平衡不充分的发展之间的矛盾。这个重大判断的转变，为新时代中国文化产业发展提供了新的机遇。从国家到地方一系列的大政方针中，我们看到政府大力发展文化产业的信心和决心，这些利好消息，无疑对于新时代民营美术馆的发展提供了强有力的政策上的支持和保障。

2. 城市化与经济的快速发展，艺术与商业结合成为一种必然的趋势

过去，商场区域基本上不太涉及艺术品，因此对于艺术工作者而言，更习惯把作品陈列在独立而氛围严肃的展览馆。随着社会经济的发展，城市化进程日新月异，商场林立，购物中心出现了大量同质化的现象：重复的品牌、单一的装潢、鲜有更新的橱窗设计，更多为满足物质需求，无法与精神需求相匹配。实际上，当代消费者的需求已经从以往的吃和买这种纯物质消费向精神消费转移，文化类、休闲类消费需求正在蓬勃发展。实际上，党的十九大报告也指出："满足人民过上美好生活的新期待，必须提供丰富的精神食粮。"这种食粮不仅是指优秀的文艺作品，同时也是优良的文化艺术氛围。因此，商业空间作为城市人群生活的重要聚集地，如何打造更美好，更诗意的环境，使之成为人们寻求休闲与放松的精神之地，已经成为当下商业中心建设与发展的重要目标，这也促使艺术与商业的结合成为可能。

事实上，高端艺术进入繁华商业区在欧美、日本等发达地区早已不是一个新鲜的名词，顶尖的购物中心同艺术相结合已经成为常态，如巴黎老佛爷百货专门设立当代艺术展览空间。近年来国内艺术型商场也日渐兴起，如北京的侨福当代美术馆和时代美术馆、上海的K11艺术中心都是以艺术为特色专业打造的购物中心。尤其值得一提的是，

上海的 K11 艺术中心在 2014 年之前还不是人气最旺和业态最好的商场,但是 2014 年举办了莫奈大展之后,可谓一夜成名,成为当下知名度最高、人气爆满、消费水平很高的商业中心之一。由此可见,艺术走进商业空间是让民众、消费者近距离接触艺术的一种最直接方式,也是商场快速提升消费品位、档次乃至知名度与竞争力的有效方式。文化中心变成了商业中心的一部分,意味着文化逐渐成为人们消费资料的一部分,这是一种新的生活艺术,也是一种新的生活方式。

(二)微观背景

1. 美术馆空间与身份的转变——从封闭走向开放,从殿堂走向公众

美术作为人类诗意栖居的艺术形式,其在培养人的艺术修养和升华、陶冶人的精神境界上的作用,历来为人所珍视。而美术馆的建立,则成为承载和传达艺术审美教育功能的重要场所。但由于我国艺术事业起步较晚,加上经济政治等各方面问题,对于艺术事业所投入的精力与金钱有限,所以国内美术馆及艺术圈层与广大民众还是有一定的距离。在不少群众的眼中,去美术馆是一种小资甚至奢侈的消费,去美术馆的人往往还会出现"知识焦虑症",总认为去美术馆要看得懂画才去,很少主动去体验美术馆的氛围和环境之美,更没有认识到美术馆的真正价值。对此,知名画家陈丹青曾感慨道:"我们没有真正的美术馆,这是因为我们没有美术馆文化,而只有美术馆。"其中很大部分原因是传统的美术馆在建筑外观上多将自身塑造成那种明亮通透、纯粹中性的以藏品为导向的"展所",这不仅铸就了它在普通民众心目中殿堂般的威严和地位,也无形中拉开了它与民众的距离。美术馆若要吸引更多观众,就不得不转变原有的形象,即不单单是对艺术作品的简单陈列,更要考虑观众的接受程度,当然首先需要考虑如何让观众在轻松随意的氛围中走进艺术殿堂。这些都要求美术馆必须从一个封闭的建筑走向更加开放的空间,在这里公众能自由地交流和欣赏,在潜移默化中受到艺术的熏陶。

2. 恒庐美术馆在新时代自身发展的内在需要

恒庐美术馆自 2002 年创建以来,一直将推崇传统艺术、浙派艺术及新人新作作为自己的主要风格,以学术性、探索性、系列性为宗旨,其高质量的学术水平和宽阔的学术视野,使其在杭州具有良好的声誉和重要的影响力。杭州作为一座历史文化名城,向来是文化艺术重镇。近年来,随着国家对文化产业发展的大力支持,杭州博物馆、美术馆建设的步伐在加快,民营美术馆的数量也在不断增加,据统计,2002 年杭州仅恒庐

一家民营美术馆，截至2022年，已增至十余家。这一方面反映了民营美术馆作为一种新兴的形式和社会行为体，在社会生活中发挥着越来越重要的作用，社会的关注度越来越高。另一方面也反映了民营美术馆日益激烈的竞争状况，因此，如何抓住时代的机遇，发挥自身优势，改革与创新传统的经营模式，打造自己的品牌，提升竞争力，对于民营美术馆的生存和发展尤为重要，恒庐美术馆也不例外。

二、新时代杭州国大·恒庐美术馆经营模式的创新

（一）艺术与商业联姻

1. 恒庐美术馆入驻杭州国大城市广场

2017年5月，位于杭州武林商圈区域的杭州国大城市广场正式开业，总投资12亿元，总建筑面积为15万平方米。国大城市广场是一个集生活艺术中心、精品公寓式酒店、雷迪森五星级酒店于一体的品质生活综合体，从现代人的趣味入手，以打造杭州艺术生活中心为目标，营造出高雅、精致、时尚的商务与生活目的地。

国大·恒庐美术馆位于国大城市广场五楼，在展馆的设计上，它与上海的K11艺术中心将艺术欣赏与购物体验有机融为一体的布局不同，国大·恒庐美术馆把艺术空间与商业空间分离，保留了展馆的相对独立与宁静。但依托国大城市广场这个兼具历史和地理意义的地标，美术馆人流量也较之以往剧增。据了解，国大·恒庐美术馆同时也是商场客户服务中心所在地，这就让很多消费者自然而然地完成了"观展"这个动作。国大城市广场预计一年的客流量约千万，日均3万人左右，虽然没有统计过美术馆的客流，但据商场负责人介绍："美术馆的参展人流没有断过，这一定跟现在常规美术馆的客流是成十倍百倍放大的。"国大城市广场的定位，天然为恒庐美术馆做了客群的筛选和引流，借助商场这样一个公众平台，国大·恒庐美术馆让对艺术有兴趣的普通顾客，可以与艺术轻松接触，在形成良性互动之后，优质的艺术品资源和优质的顾客会相应地逐渐增加，并达成更精准的匹配，进而将观展行为转化为购买。此外，国大·恒庐美术馆也充分考虑到了受众的特点，在展览的选择上与其他独立的美术馆不同。因为在国大·恒庐美术馆，大部分消费者的文化类消费还在初级阶段，因此国大·恒庐美术馆展览的作品会附上二维码，扫一扫便可以看到作品的简介及价格。消费者在观展的同时就可以买走自己喜欢的作品。

2. 积极开展与商场内商家的合作，拓展品牌的商业价值

国大·恒庐美术馆自入驻国大广场伊始，就十分注重开展与商场内其他商家的合作。例如2017年8月，国大·恒庐美术馆邀请浙江画院副院长池沙鸿老师举办了主题为"杭州味道"的画展。展览展出了池沙鸿老师关于杭州的风景、旧时光的城区、小伢儿的生活、杭州老故事、老街区、传统饮食、生活状态等中国画作品80余幅，挖掘并展现具有杭州特色的生活场景和记忆片段，弘扬具有江南特性的杭州生活文化。这次展览联合了进驻国大的一些具有杭州特色的品牌餐饮、服装、工艺美术等商家，如"老杭帮""卤儿道道""景芳周大姐""见萍""雍也""太已""浮云堂""朱炳仁·铜"等一起协办。展览设计了"打卡、签到"活动，即在美术馆及合作商家打卡集齐6枚印章即可兑换餐饮券、明信片、手绘团扇、到店体验等奖品。顾客既可以到国大·恒庐美术馆欣赏充满杭州童年记忆的画作，也可以在国大的杭州餐饮品牌品尝杭州特色小吃，回味记忆中的杭州味道，还可以在品牌服饰店内购物，将杭州味道的服饰穿在身上。展览不仅让消费者在轻松愉悦的体验和参与中获得了艺术的享受，提高了美术馆的知名度，而且有效地宣传了商场内参与活动的13个与杭州有关的品牌。更为重要的是，它把美术馆的艺术气息和氛围渗透到了整个商业区域。

（二）树立公共意识，打造自身特色与品牌

习近平新时代中国特色社会主义文化建设思想要求，文化建设的主体是以人为本，服务人民。美术馆的发展始终需要关注的是如何处理与观众之间的关系，观众是美术馆存在的终极价值。但是据调查，哪怕在中国经济发达、科学教育先进、信息快通的城市——上海，大众对于美术馆的了解远远低于对博物馆的了解，有些人甚至不知道美术馆这个机构，知晓率约占城市众多人口还不到10%。可见，国内的美术馆及艺术圈层与广大民众还有一定的距离。这种现象与当前美术馆承担社会责任少有一定关系。实际上，美术馆不仅是一个美术研究机构，还是一个为公众提供教育项目的服务机构。但据调查很多美术馆几乎完全没有承担任何社会教育活动，有些美术馆有相应的理念，但事实上的确因为各种原因没有开展。为了让更多的人了解艺术、关注艺术的发展，让艺术与公众发生关系的同时，夯实自身品牌，扩大美术馆的影响。国大·恒庐美术馆不定期举办各种艺术讲座、艺术家面对面活动，其中"青年艺术家路程教你玩岩彩""十位艺术家分享艺术创作历程""林海钟教授解读千里江山图"等活动引起了舆论的广泛关注并获得了一致好评。据统计，从 2017 年开业至 2020 年的三年里，国大·恒庐美术馆一共举办了近 30 场展，其中绝大部分展览，如瓷展、杭州味道展等都是免费开放。此外，艺术展览还配套形式多样的演出活动，如"唱一夜——澎湃室内音乐会""旗袍姐姐旗袍秀""胡说八道——先锋话剧首次跨界传统相声""工尺记昆曲新年音乐会"等；不仅如此，国大·恒庐美术馆还定期举办"艺术体验周"活动，如"油画体验""水彩体验""花艺体验""画瓷体验""国画体验""篆刻体验"等。这些丰富多彩的活动极大地拉近了美术馆与观众之间的距离，据国大城市广场总经理洪飞介绍，国大·恒庐美术馆举办的这些艺术展，吸引了 30 多万顾客到场看展，这个数字，远远超过了他们的预期。这些无疑让美术馆从单纯的与艺术家之间的关系转向与社会的关系，让艺术大众化的同时，也有效地宣传了自身的品牌。

（三）资金来源多元化，保证美术馆经济的良性循环

稳定的资金来源是美术馆生存和发展的关键，在目前国家财政补贴有限，又缺乏专门的基金会给民营美术馆提供各方面支持的情况下，积极开展多种经营方式，促使资金来源多元化是民营美术馆可持续发展的可靠发展路径。因此，国大·恒庐美术馆自入驻商场以来也积极开展多种创收方式，保证美术馆经济的良性循环。

1. 建立恒庐讲堂

恒庐讲堂采用名家与大众见面的方式，讨论中国文化的美学品格、中国画的文化品格，讲授书画、诗词、音乐、金石、陶瓷、丝绸等，免费开放的恒庐讲堂已成为杭州颇具美誉度的一个品牌。2015 年始，恒庐讲堂在原有的基础上应广大艺术爱好者和市民的强烈要求下，开办了"恒庐讲堂"成人艺术班和少儿艺术班，旗下汇聚中国美术学院师资团队，师资力量雄厚，在业界、学员和家长中积累了良好的口碑。

2. 创建青年艺术空间

除饱受好评的"恒庐讲堂"外，国大·恒庐美术馆还创新地提出"青年艺术空间"，不定期地展出和推介不同类型的青年艺术展览，以推崇传统艺术、推崇浙派艺术、推崇新人新作为主要风格，以高端的展览赢得了市场的认可，在扩大青年艺术家影响力的同时，也拓展了画廊自身盈利的空间。

3. 举办周末艺术体验活动

美术馆还举办"艺术周末"活动，每周活动内容不定，主要包括油画、国画、水彩、

瓷上绘画、花艺、篆刻等多种艺术形式。以体验的形式为主，参与者缴纳相应的费用，一个下午便可完成一件作品。这种形式也可以帮助热爱艺术的人群，更加深入地走进艺术、感受艺术，成为平凡生活中的美学制造者。

此外，美术馆近年来还根据不同展览的主题和内容制作了相应的文创衍生品，也赢得了不少消费者的喜爱。这些多元化的经营方式，都是美术馆在新时代所做的积极探索与创新实践。

新时代要有新思路、新境界。党的十九大报告明确指出文化产业要创新生产经营机制，完善文化经济政策，培育新型文化业态。杭州国大·恒庐美术馆与商场联姻的经营方式实际上就是这一思想付诸实践的重要体现。习近平总书记强调，要推动文化产业高质量发展，健全现代文化产业体系和市场体系，推动各类文化市场主体发展壮大，培育新型文化业态和文化消费模式，以高质量文化供给增强人们的文化获得感、幸福感。这种新的经营模式让艺术走出美术馆与公众结合，使更多的人在轻松闲逛或购物的同时了解艺术、关注美术的发展，在充分发挥艺术品的社会价值让艺术得到更好的展示的同时，扩大了自身的影响力，巩固和宣传了自身的品牌，拓展了美术馆的经营途径，也有助于提高公众的文化素养，满足人们对美好生活的向往。这些无疑都给新时代民营美术馆的发展提供了重要参考和借鉴。

思政园地

文物和文化遗产是中华文明5 000多年灿烂文明的实证，拓展了人们对中国文明史的认知，对于认识中华文明起源和发展的历史脉络，认识中华文明取得的辉煌成就，认识中华文明对人类文明的重大贡献，具有十分重要的意义。党的十八大以来，党中央把历史文化遗产保护利用工作摆到更加突出的位置。加强考古工作和历史研究，让收藏在博物馆里的文物、陈列在广阔大地上的遗产、书写在古籍里的文字都活起来，丰富全社会历史文化滋养。博物馆文创，正是使博物馆里的文物"活起来"的重要方式，精彩纷呈的博物馆文创产品让人们体会到国宝的无穷魅力，成为连接博物馆与社会大众、增强文化记忆、坚定文化自信、讲好中国故事的重要载体。

模块自测

一、单选题

1. 提出"活的博物馆"的概念的美国学者是（　　）。

    A. D. 默里　　　　　　　　B. 尼克利乌斯

    C. 乔治·布朗·古德　　　　D. 约翰·考顿·达纳

2. （　　）年，国际博物馆协会修改博物馆的定义为："博物馆是运用各种方法保管和研究艺术、历史、科学和技术方面的藏品，以及动物园、植物园、水族馆的具有文化价值的资料和标本，供观众欣赏、教育而公开开放为目的的，为公众利益而进行管理的一切常设机构。"把观众的欣赏和教育明确列入。

    A. 1951　　　　　　　　　B. 1946

    C. 1960　　　　　　　　　D. 1962

二、多选题

1. 世界四大博物馆指的有（　　）。

    A. 巴黎卢浮宫博物馆　　　B. 纽约大都会博物馆

    C. 大英博物馆　　　　　　D. 艾尔米塔什博物馆

    E. 北京故宫博物院

2. 以下属于大英博物馆的文创产品的有（　　）。

    A. 埃及罗塞塔石碑　　　　B. 罗塞塔石碑

    C. 女史箴图　　　　　　　D. 鸢尾花

三、判断题

1. 只有当博物馆物成为沟通的媒介，其所蕴含的博物馆性才得以显现，博物馆的现实价值也才真正得到体现。（　　）

2. 博物馆之所以收藏遗产，不仅是因为它们美丽珍贵，而是因为它们是记忆的载体，积淀和承载着自然与人类过去生活的各种信息。（　　）

3. 博物馆搭建了沟通今日与昨日的桥梁。（　　）

4. 文化是一切文创产品的核心所在。（　　）

模块五 艺术品经营管理

案例导入

《国宝回家》亮相春晚

2021牛年春晚,有个令人印象深刻的节目,那就是《国宝回家》。在这个节目中,北京大学考古文博学院教授、云冈研究院院长杭侃作为嘉宾,与讲述人张国立,共同揭晓了天龙山石窟流失海外的第8窟佛首造像回归祖国这一激动人心的消息,这也是2020年回归祖国的第100件流失文物。天龙山石窟在20世纪上半叶遭到大规模的盗凿,致使很多文物流失海外,现在天龙山石窟没有一尊佛像是完整的。这尊佛首见证了天龙山石窟艺术的发展,具有重要实物标本意义和很高的艺术价值,被鉴定为国家一级文物。

资料来源:《国宝回家》亮相央视春晚 [EB/OL].

案例分析: 据中国文物学会统计,自鸦片战争至今,共有超过1 000万件中国文物流失海外,其中国家一、二级文物数量就达100余万件。随着中国经济繁荣、国家地位及综合国力提升,越来越多的海外中华文物回归祖国。从2003年开始的圆明园兽首回归到2015年甘肃大堡子山遗址被盗金饰片回家、2018年回归的青铜虎鎣,以及案例中2021年亮相春晚的佛首石雕……近年来,文物回归屡屡登上热搜。

每一件文物,都是不可再生的文化遗产资源的组成部分,是民族优秀文化的代表,寄托着中国人民最深沉朴素的情感。从其流失之日起,我们无不希望有朝一日它们能重返祖国的怀抱。因此,抢救国宝、保护文物既是提高民族凝聚力的重要途径，也是爱国主义的集中体现。在本模块中，将首先对艺术品与文物的概念、艺术市场的结构及艺术品的流转与管理等知识进行梳理，然后通过对艺术品市场管理中具体案例的剖析，分析当代艺术品市场中存在的问题，在提高学习者艺术品市场管理技能的同时，增强文物保护意识，提升传承优秀文化遗产的使命感。

学习目标

知识目标

1. 掌握文物和艺术品的概念；
2. 理解国家对文物买卖的相关规定；
3. 掌握艺术品流转与管理的途径。

能力目标

1. 能够区分文物和艺术品之间的差异；
2. 能够指出艺术品流转的主要途径和方式；
3. 能够运用所学保护文物，防止文物流失。

素养目标

1. 提高文物保护意识；
2. 提升传承优秀文化遗产的责任感和使命感；
3. 增强文化自信和爱国热情。

单元一　艺术品和文物概述

一、艺术和艺术品的定义

关于艺术品的定义，中外学界有不同的解释，在中国古代"艺"这个字至少包含技艺、艺术、种植、准则和经术等含义。关于"艺"字的解释，东汉许慎《说文解字》中曰：

"艺，种也。"《周礼·保氏》中提出："养国子以道，乃教之六艺。""六艺"，指中国西周贵州教育体系中的六种技艺——礼、乐、书、数、射、御。清人刘熙载在《艺概》中说："艺者，道之形也。"到了近代以后"艺术"一词的内涵和外延不断变化。毛泽东《在延安文艺座谈会上的讲话》中说："在现在的世界，一切文化和文学艺术都是属于一定的阶级，属于一定的政治路线的。"

在西方，关于艺术的起源，也有诸多的观点和学术争鸣。如艺术起源有模仿说、巫术说、情感说、游戏说、劳动说等。18世纪，德国古典哲学家康德（1724—1804）将艺术划分为"自由的艺术"和"报酬的艺术"两类。我们现在习惯性的理解，认为艺术是一种文化现象，是一种生活方式，是一种精神状态，是一种创作形式等。艺术的范围很广，包括美术、音乐、戏剧、舞蹈等。从广义上看，艺术品就是指一切艺术活动所产生的作品；从特定的意义上看，艺术品一般就是指美术品，即绘画、雕塑、工艺美术、书法、摄影等。

二、文物的相关概念

（一）文物的界定

不同国家和地区，对于文物的概念也有不同的解释。在中国"文物"一词，古已有之。在中国古代典籍中，文物是礼乐、典章制度的统称。《左传》中记载："夫德，俭而有度，登降有数，文物以纪之，声明以发之；以临百官，百官于是乎戒惧而不敢易纪律。"（《左转·桓公二年》）在唐代以前，人们称古代的遗物为古物。宋代金石学兴起以后，人们在收集和研究前代青铜器和石刻等遗物的过程中，逐渐发展和扩大到搜集和研究各种古代器物，并统称为"古器物"或"古物"。明清时期，一般称古代器物为"古董"或"骨董"，其内涵与当今"文物"的区别已经比较小了。到清朝乾隆时期，又有了古玩之称，意即古代的文玩。买卖古代文物的行业，也因此被称为古玩业。中华人民共和国成立后，则开始统称为文物并逐渐固定下来。

文物是人类在社会发展过程中遗留于社会上或埋藏在地下的，由人类创造或与人类活动有关的一切有价值的物质文化遗存的总称，是人类社会宝贵的历史文化遗产。文物包括可移动文物（各种器物）与不可移动文物（历史遗迹、遗址）。

《中华人民共和国文物保护法》规定：在中华人民共和国境内，下列具有历史、艺术、科学价值的文物受国家保护：

（1）具有历史、艺术、科学价值的古文化遗址、古墓葬、古建筑、石窟寺和石刻；

（2）与重大历史事件、革命运动和著名人物有关的、具有重要纪念意义、教育意义和史料价值的建筑物、遗址、纪念物；

（3）历史上各时代珍贵的艺术品、工艺美术品；

（4）重要的革命文献资料及具有历史、艺术、科学价值的手稿、古旧图书资料等；

（5）反映历史上各时代、各民族社会制度、社会生产、社会生活的代表性实物。

（二）文物的基本特征

（1）文物必须是由人类创造的，或者是与人类活动有关的；

（2）文物是历史文化的遗存，是历史的残迹，不可能再重新创造；

（3）文物从不同侧面反映了各个历史时期人类社会活动、社会关系、意识形态及利用自然、改造自然和当时生态环境的状况，具有一定的价值，具有珍贵性。

文物的保护管理和科学研究，对于人们认识历史，揭示人类社会发展的客观规律，促进当代和未来社会的发展，具有重要的意义。

（三）文物与古董、古玩的区别

古董、古玩均指古物，是一个事物的不同表述方式。

"古董"一是指可鉴赏、研究的古代器物；二是指过时的东西，所以文物包含古董或者古玩，但不是所有文物都是古董。清朝以前，人们把珍贵的古物称为"骨董"，所谓"骨"取肉腐而骨存之意，意思是保存过去之精华。后来渐变为古董、古玩。实际上"古董""骨董"和"古玩"是一个意思，只不过由于时代的变迁，人们叫法不同而已。从文物和古董或古玩的比较来看，文物在时间的涵盖上要大于古董或古玩，因为文物可以是古代，也可以是现代或当代，只要是优秀的文化产物都可以被列入文物范畴。而古董和古玩则不然，现代和当代的东西不能称为古董和古玩。由于许多文物具有较高的艺术鉴赏价值，所以收藏爱好者又将其泛称为收藏艺术品。一件古代艺术品，对文物部门来说就是文物，因为它有文化保护价值；对投资者来说就是古董，因为它有增值价值；对收藏家来说就是古玩艺术品，因为它有艺术鉴赏价值。国家出于保护文物的考虑，对于非国宝级的文物，鼓励"藏宝于民"，也就是古董、古玩和艺术品，允许民间依法流通，这为民间收藏事业的发展和古玩艺术品市场的兴起铺平了道路。公民合法所有的文物，法律允许其相互交换或者依法转让和流通。文物、古董和艺术品。三者的区别和联系，如图 5-1 所示。

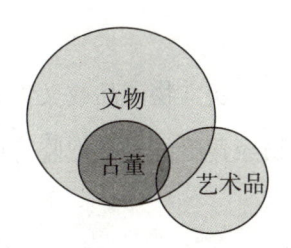

图 5-1　文物、古董与艺术品的关系

另外，文物有一定层次，按照其重要程度可分为珍贵文物和一般文物。珍贵文物又可分为一级文物、二级文物、三级文物。目前关于文物的存在形态和分类，如表 5-1 所示。

表 5-1　文物分类方法

	文物的存在形态分类法		文物的价值分类
文物	不可移动文物（文物史迹）	古建筑、古遗址、石窟寺、石刻、古墓葬、纪念址	全国重点文物保护单位省（市、自治区）文物保护单位县（市）文物保护单位
	可移动文物（馆藏文物流散文物）	石器、陶器、铜器、铁器、金银器、玉器、瓷器、漆器、工艺品、书画、古文献……	一级文物：具有特别重要历史、艺术、科学价值的代表性文物； 二级文物：具有重要历史、艺术、科学价值文物； 三级文物：具有比较重要历史、艺术、科学价值的文物； 一般文物：具有一定历史、艺术、科学价值的文物。

（四）文物商品与文物市场

1. 文物商品

文物商品，特指传世的、有较高历史、文化、艺术价值，依法经文物部门鉴定、许可进入流通的文物或艺术品统称为文物商品。

由于文物具有一般商品所不具有的历史、科学、艺术三大价值，因而依法允许进入流通的文物商品成为一种特殊的商品。又由于文物是一个民族在历史发展进程中创造并流传下来的,并非为当代人交换而产生的,其总量是固定的。因而,文物商品又具有不可再生性和稀缺性。

2. 文物市场

文物市场,特指依法设立的买、卖文物商品或文物监管物品的场所和为买、卖文物提供中介服务的机构。其包括文物经营单位、文物监管市场、文物代销、代购、寄售网点,以及文物艺术品拍卖公司。

3. 不允许进入流通(或不允许拍卖)的文物

(1)依照法律应当上缴国家的出土文物;

(2)依照法律应当移交文物行政管理部门的文物,包括国家各级执法部门在查处违法犯罪活动中依法没收、追缴的文物等;

(3)国有博物馆、图书馆等文物收藏单位的文物藏品;

(4)国有文物经营单位收存的不得拍卖的一级和二级文物;

(5)属于国有资产、未经文物行政管理部门和国有资产管理部门批准拍卖的文物;

(6)物主处分权有争议的文物;

(7)其他依法律规定不得投入流通的文物。

视频:何为文物

课堂思考

想一想:具有科学价值的古脊椎动物和古人类化石是否属于文物?是否受国家的保护?

单元二 艺术品的有序流转与管理

艺术品国际流转是一个世界性的文化难题,从某个层面上讲,艺术品巨大的精神力量和潜在的经济价值是造成这一难题的关键,再加上艺术品区别于其他商品的主要特性在于其唯一性。艺术品国际流转是指国家与国家或与地区之间艺术品的交流和互动,包括国际间艺术品贸易（如艺术品拍卖）、礼节性的艺术品交流（如朝贡、捐赠等）以及艺术品的转借等，其中也包括非正当手段的艺术品流动，如战争掠夺、盗掘、走私等。这里将这些流转方式分为有序流转和无序流转两大类。

一、艺术品的有序流转

（一）艺术品的拍卖

1. 拍品的合法化

艺术品的拍卖是艺术品国际流转的重要内容，这一形式的前提是艺术拍品的合法化。像 2000 年香港苏富比和佳士德拍卖中国圆明园被盗抢文物，明显违背了艺术品国际流转的正常原则。

2. 遵守国家对于艺术品出口的相关规定

从现存状况看，艺术品的拍卖，不同的国家有不同的拍卖政策和艺术品的进出口规定。我国目前对待文物的出境与进境，主要依据 2017 年新修订的《中华人民共和国文物保护法实施条例》，其中，第四十六条明确规定："文物进出境审核机构应当对所审核进出境文物的名称、质地、尺寸、级别、当事人的姓名或者名称、住所、有效身份证件号码或者有效证照号码，以及进出境口岸、文物去向和审核日期等内容进行登记。"第四十七条要求，"审核经允许出境的文物，应当从国务院文物行政主管部门指定的口岸出境。"经审核不允许出境的文物，由文物进出境审核机构发还当事人。

3. 艺术品的国际间拍卖

艺术品的国际间拍卖，也是许多国家回收艺术品的合法手段和较好机会。例如，2001 年旅英华侨陈俊先生以高价竞得一樽 1900 年八国联军侵入北京时掠夺的明代绿色琉璃瓦当麒麟，捐献给北京故宫博物院。这是一种有积极意义的行为，艺术品的回流，一是可以延续和完善民族历史的整体面貌；二是有利于进一步提升国人对民族文化的认同，激发爱国情怀。

（二）艺术品的借展

借展问题的出现多是出于体现展览的完整性或是商业和文化交流的因素，这也牵涉到艺术品国际流转的诸多问题，如商业协作问题、损坏赔偿问题、保险问题等。

例如，20 世纪 90 年代，瑞士的亿万富豪泰森·博尼米萨及其家人经过了 5 年的协商和准备，将其庞大的艺术品收藏出借给西班牙，期限至2001年。这批收藏中包含意大利的原始艺术、中古时期的艺术、18—19世纪的美国绘画、超现实主义艺术和波普艺术等。这些出借的艺术品布满了西班牙比利亚厄摩沙（Villahermosa）皇宫三层楼，48个展厅。泰森的收藏在当时公认是世界上除英国女皇伊利莎白二世之后的第二大私人收藏家。在双方的协议中，泰森依然希望保留出售和交换作品的权利，以进一步改善自己的收藏，并同意将七成五的作品定为主要收藏，不得买卖交换，其余若经对方同意可适当变更。据说，当年71岁的泰森已经表示愿永远将这批藏品留在西班牙。

艺术品的借展还可以带来巨大的经济效益。1992年10月，美国波士顿博物馆向日本出借印象派的作品，这次名为"莫奈与同时代的艺术家"的展览是由日本柯尼卡电子公司主办，为庆祝该公司成立120周年而设。这些出借的印象派作品给波士顿博物馆带来了200万美元的巨额回报，但艺术品的跨国出借也引来了许多争议。如波士顿博物馆的这次出借让美国人较长时间内看不到莫奈等人的作品而受到非议。波士顿博物馆则有自己的理由，一方面可以解决博物馆所面临的财政危机，同时，也是让艺术品"做了一些比待在家中更有益的事情"。

（三）艺术品的礼赠

艺术品的礼赠主要包括公共捐赠物和礼节性交往的馈赠礼物（如中国古代的"朝贡"），这种传统值得提倡，是一种有益的活动。艺术品的礼赠，也是艺术品国际流转的一项内容。如1998年，伦敦大英博物馆斥资38万英镑（约63万美元）的价格购得中国元朝的绝世名画《神奇的大自然》，据说，这是一件赠礼。英国博物馆东方文物部元朝文化的研究专家安尼·法勒博士说："这幅工笔画具有很高的价值，且有创作时期和签名（音谢楚方），是元朝时期留下来的稀世珍品。"这幅画是18世纪流到英国的，可能是中国政府送给英国第一个外交使团的礼物。艺术品的礼赠是国家与民族友好的象征，善意的捐赠也是社会文明程度提高的标志。

实践证明，良好有序的艺术品国际流转体制是建立世界统一艺术市场的关键。在国际范围内，艺术品非法交易依然猖獗的今天，不断完善文物艺术市场的立法和市场体制，并主动承担起防范责任，谨防国外非法文物艺术品进入中国，对我国文物艺术市场来说，十分必要。

二、艺术品的无序流转

在中国的艺术市场上，有一个很难确定的因素，那就是市场上的艺术品究竟去了何处？艺术品的流向直接影响艺术市场的健康发展。对拍卖行而言，保密竞拍者的资料档案是造成难以把握艺术品流向的重要障碍，而这也正是中国艺术品市场不成熟的重要表现之一。

藏之有道，献之有益，这正是艺术品最终归位的意义。艺术品流向的不明朗，直接对艺术品的研究、后续跟踪缺乏线索。艺术品在市场中的价值不仅是流通，更重要的还有它背后的文化艺术教育和学术价值。

艺术品除作为正规礼品、投资、收藏等有序流向外，也有因战争导致的无序流转。中国艺术品由于战争掠夺流向海外的数量是非常巨大的。20世纪30年代，日本人在山西太原天龙山石窟的野蛮抢掠，共盗去300多个佛头。据统计，甲午战争之后，日本从中国掠夺的书籍有300万册，重要文物有15 245件。而甘肃敦煌文物在伯希和、斯坦因等人的盗卖和掠夺下，只能用"无法计量"来衡量。

放眼国外亦然，如常年饱受战乱之苦的阿富汗，也流失了大量的文化艺术瑰宝，现在在北美、西欧和日本等地区的美术品市场上经常可以看见阿富汗的艺术品。

除战争外，走私是国际艺术品非法流转的另外一颗毒瘤。艺术品走私是继紧俏商品、毒品、人口之后的另外一大宗走私品。走私的前提是盗墓，在"要想富，先盗墓"的不良思想引导下，很多人看到了艺术品背后的巨大财富，铤而走险。《中国青年报》曾经报道，2008年至2009年期间，有案可查的盗窃文物案件高达8 989起，盗掘古墓案件达937起，倒卖文物案件达113起，抢劫文物案件达36起。根据中国被盗（丢失）文物信息发布平台显示，近十年来，国内文物流失数量并没有明显减少，在2011—2021年平台发布的国内文物盗失信息高达358件。各地文物大案仍在时不时地发生，西藏地区盗失文物数量在多个时间段都高居前三，陕西、宁夏、河南等地盗失文物数量紧随其后。

文物盗掘和走私依然严峻，追回流失文物的速度远远低于流失文物的速度。联合国教科文组织有报告指出：在全世界47个国家的218个博物馆中，有163万件中国文物。这一数据令人触目惊心，文物艺术立法是当务之急。在目前中国艺术市场依然较为混乱的情况下，有必要进行正确的引导，如进行艺术市场各门

视频：艺术品的流转与管理

类立法，建立相关的政策和管理部门。在走私方面，一方面要加大海关等部门的管理力度，同时要从源头上坚决杜绝盗墓等违法犯罪行为；另一方面要加强国际间文物艺术品管理的有效合作，才能取得切实的成效。

知识拓展

2009年，法国佳士得拍卖圆明园兔首、鼠首一事闹得沸沸扬扬，最后，在中国人的抗议声中这两尊兽首分别以1 400万欧元的天价被厦门的一位收藏家拍得，加上佣金等费用，每尊约合1.6亿元人民币。但是最后买家拒不付款，这位买家就是中国商人蔡铭超，他回应道："我不会为这两尊兽首付钱，更不会为外国炒家的无耻贪婪买单，这是我们中国人的东西，这个钱我们绝对不能付。有人说他是老赖，也有人支持他的爱国行为，引发了广泛的舆论评价，请对此谈谈你的看法，你是否支持回购圆明园兽首？为什么？

单元三　艺术品无序流转的案例

——以盗墓为例

我国盗掘古墓之风由来已久，汉代的董卓、曹操、五代的温韬到民国的孙殿英等，都是官方盗墓的代表人物，据说曹操为了弥补军饷的不足，还在军中专门设立了名号为"摸金校尉""发丘中郎将"等专门指挥盗掘墓冢的官职，唐代有"荒冢入锄声""白骨下纵横"等诗句，也反映了当时盗墓之风的盛行。盗墓活动是一种背离伦理道德违反法律的行为，无论古今中外，均为社会所不容，但盗墓之风从古至今却屡禁不止、频繁发生，据统计，2014年以来，全国公安机关每年立案的文物犯罪案件有2 000起左右，其中一些特大案例更是发人深省。

案例一："新中国涉文物第一大案"——辽宁红山文化古遗址盗掘案告破

2015年，辽宁省朝阳市公安机关用了9个月时间，破获了中华人民共和国成立以来最大的一起文物盗窃案。打掉盗墓团伙共10个，抓获犯罪嫌疑人一共175名，追回涉案文物一共1 168件，缴获了一大批的作案工具。这是中华人民共和国成立以来单案抓获犯罪嫌疑人数和追缴文物数量最多的案件。在追回的被盗文物中，仅是一级文物就多达125件，二级文物86件，三级文物200件，一般文物757件，涉案金额多达5亿元。

资料来源：原标题：红山文化古遗址盗掘案告破[N].人民日报，2015-05-27.

案例二：青海破获特大盗墓案 追缴文物646件

2018年3月，青海省海西州都兰县发生古墓葬盗掘案。日前，经过文化、文物、公安部门的通力配合，该案件成功告破。截至目前，公安部门先后在青海省、河南省部分地区抓获该案犯罪嫌疑人22人（1人在逃），追缴文物646件。据犯罪嫌疑人现场指认和案件初步审理结果，所有文物均出自全国重点文物保护单位热水墓群中的同一座石框墓。经文物鉴定机构和专家鉴定，追回的文物包括一级文物16件、二级文物77件、三级文物132件、一般文物421件，文物材质多为金、银等贵重金属，造型别致，图案精美，包含有东西方文化、民族文化、宗教文化等多种文化因素。

资料来源：青海破获特大盗墓案 追缴文物646件[N].国家文物局网，2018-07-09.

案例三：山西闻喜发现晋国大墓，当地曾陷盗墓涉黑旋涡

2018年上半年，山西公安机关打掉了盘踞在山西闻喜地区十多年，以侯氏兄弟为首的"盗墓涉黑"犯罪集团，追缴被盗文物2 895件，其中国家一级文物达24件之多。多年间，这个盗墓团伙除盗掘闻喜县阳隅保护区的古墓外，还盗取了郭家庄镇吕庄村、河底镇酒务头村、稷山县太阳乡石佛沟村等15处市、县文物保护单位，盗掘出大量青铜器和玉器等珍贵文物。

资料来源：张九龙.山西闻喜发现晋国大墓，当地曾陷盗墓涉黑旋涡[N].

齐鲁壹点，2020-03-19.

案例四：盗掘四座战国、西汉古墓8人获刑

2020年11月至2021年1月11日期间，杨×涛等8人经事先预谋，交叉结伙，多次趁夜间前往江苏省盱眙县、安徽省天长市等不同地点，采用"打钢钎""挖盗洞"等

方式盗掘四座古墓葬。

经鉴定，被盗古墓葬分别是战国至汉代古墓葬、西汉早期古墓葬、战国晚期古墓葬，对研究战国晚期、西汉早期墓葬形制、当地历史，当时器物的艺术性、制作工艺的科学性等均有一定的参考研究价值，是非常重要的历史遗存。在被盗文物中，有二级文物1件、三级文物4件、一般文物3件。该盗掘行为对墓葬资料的完整性造成了严重破坏，对墓葬的历史、艺术、科学价值的判断均造成严重影响。

资料来源：盗掘四座战国、西汉古墓8人获刑，与售赃者共赔抢救发掘费15万余元[N]. 扬子晚报，2022-06-06.

据统计2021年1月至11月，全国公安机关共破获各类文物犯罪案件1 900余起，抓获违法犯罪嫌疑人2 600余名；累计追缴文物3.8万件，包括一级文物50余件，二级文物280余件，三级文物2 600余件，守护了一大批国宝平安归家。

思考：恢恢法网之下，盗墓为何如此疯狂？盗墓会造成哪些对社会、对考古科研工作的危害？

一、盗墓屡禁不止的原因

（一）暴利的驱动，促使犯罪分子铤而走险

盗墓因其高昂的利润让很多不法分子铤而走险，联合国教科文组织的高级顾问霍顿指出："全球地上和地下的文物交易额，仅次于毒品和武器交易。"我国历史上向来有厚葬的习俗，《吕氏春秋·节葬》说："国弥大，家弥富，葬弥厚，含珠鳞施，玩好宝货，钟鼎壶滥，舆马衣被戈剑，不可胜数，诸养生之具，无不从者……奸人闻之，传以相告，上虽以严威重罪禁之，犹不可止。"从大量的考古发掘中可知，很多古代墓葬尤其是帝王陵墓中有着大量的珍玩宝器，这些物品有着极大的经济价值和市场需求，盗墓者只需一些挖掘工具、组织人手进行挖掘，一旦得手销赃，动辄便可得到几十万上百万的经济利益，例如，前面提到的辽宁11.26红山文化古遗址盗掘案追缴的文物就价值5亿元，因此，王侯级的墓葬往往是盗墓者侵害的目标，国家文物局有关人员曾透露："据这几十年的初步统计，中国光是被盗的古墓就有20万座。"另据不完全统计，我国王侯级墓葬的被盗率达到90%以上。

（二）盗墓的专业化和产业链化

盗墓"行业"经过数千年的发展，盗墓工具设备日趋先进和专业化。在以往的盗墓中有一种大家非常熟悉的设备叫作洛阳铲，据说这是在一百年前，洛阳下面一个村子的村民李鸭子发现的，洛阳铲形状利于挖土和带土，非常利于盗墓贼挖墓。我国许多偏远地区的农村，流传着这样一句话："拿起洛阳铲，不管早和晚，发家去盗墓，致富靠文物。"如今很多盗墓分子装备了先进工具，如辽宁朝阳大案件中，犯罪分子配备罗盘仪、高频大功率对讲机、强光手电和高倍数望远镜等工具，装备比一般的文保部门科研队伍还齐全。这些先进的设备可以很快测出墓穴的位置，减少盗墓时间，提高非法获得文物的效率。很多盗墓分子还具有丰富的经验，通过望、闻、问、切等方式，结合他们所掌握的考古知识和文物知识，便能知道哪里有古墓，可以有目标、有针对性地实施盗墓行为。

另外，盗墓还日趋产业化，形成了一条分工明确的产业链，盗掘、运输、窝藏、销赃等一条龙作业。一般情况下，通过专业化的运作，从古墓中盗出的文物，1小时左右就能出手，三天时间可以通过二次倒手出境。文物一旦出境就很难被追讨回来，盗墓贼便可以逍遥法外。文物出境的路径主要有两条，一是通过广州、深圳等地区的海关运出；二是运到香港、台湾，再运到世界各地。

（三）基层文物保护机制不健全

随着国家对文物保护工作的日益重视，我国文物保护工作取得了长足发展。但是，古墓保护不是一件简简单单的工作，它属于田野文物，数量多、分布广泛，需要大量的财力和人力资源与支撑，一些基层地方政府受财政因素制约，很难拿出专项资金用于田野文物保护，导致不少有考古价值的文物暴露于野外，甚至长期无人问津疏于管理保护。如平顶山市鹰城文化之根的古应国墓地遗址，1996年被评为全国十大考古新发现之一，2000年被评为河南省20世纪十项重要考古发现之一。2006年5月25日，应国墓地作为周至汉时期古墓葬，被国务院批准列入第六批全国重点文物保护单位名单，就是这样一处古墓葬遗址，由于缺乏有效保护，当地居民烧砖取土、开垦种田、植树、修路等，导致古董葬遭到严重破坏。另外，一些地方的文物保护单位由于人手紧张，很难抽出专业人员来进行看管，导致田野文物的安全受到严重威胁。

如在山西省晋北地区的一个区县，当地文物管理所管理着65段明长城墙体的432

个敌台、烽火台等文物点。除此之外，文管所的职责还包括其他古建筑与古遗址的保护与修缮、考古及文案工作等，仅是春秋两季野外文物点的巡查工作，就需要一两个月。但是完成这些工作的，只有文管所9名在编人员。有分析认为，文物保护是一项系统性工程，人才培养只是第一步，解决基层资金问题至关重要。这不仅关系到人才能否留得住，也直接决定了许多"低保"和"无保"文物能否留存。

二、盗墓产生的危害

（一）使古墓葬及随葬文物遭受了严重的破坏

盗墓者为了追求经济利益的最大化，往往会不择手段地打开古墓，根本不考虑古墓是否完整和它本身存在的历史价值。这些粗暴野蛮的方式，一方面对古墓造成了损毁；另一方面对一些珍贵文物也造成了永久性的破坏。无知的盗墓者往往只会根据文物的市场价值进行选择，将一些可能不被古董商人看中但是却具有重要科学价值和文化价值的文物轻易毁坏或随意丢弃，甚至有的为了毁灭证据，在离开古墓之后将古墓付之一炬，试图完全抹掉古墓存在的痕迹，这对历史文化的破坏都是不可逆转的。

（二）对考古工作带来了重大损失

古墓和古墓的随葬品承载着丰富的历史信息，是我们研究古代社会的重要载体。墓葬的形制、墓式及随葬品的摆放等是古代社会生活方式的一种体现，蕴含着丰富的文化价值，墓室被毁，大量具有重要科研价值和历史文化价值的文物被盗，让考古工作者丧失了研究的立足点。

以曹操墓为例，在惊现河南安阳后，其发掘结果却让考古队员多少有些"失望"，考古工作者在清理完墓道后发现，这座大墓的墓门已经被盗墓者打开，原本由三层汉砖垒砌而成的封门砖，现在仅剩下不到1米高的一段残垣。而墓室内部更是损毁严重。盗墓贼不仅留下扰土，考古工作者还发现，其中的很多陶器、石板已被砸烂（图5-2），甚至还找到了盗墓贼留下的矿泉水瓶子。虽然幸存文物中有一块能证明墓主人身份的"魏武王常所用挌虎"的石碑，但是由于此墓在历史上曾多次被盗，墓中随葬品几乎被盗窃一空，所以关于曹操墓的疑云依然重重，倘若古墓保存完整，那么历史可能就会更加清晰。

图 5-2　曹操墓中被盗墓者砸烂的石板

（三）扭曲伦理道德，助长其他犯罪活动

盗墓不仅对历史文化产生巨大的破坏，也是对伦理道德的扭曲。猖獗的盗墓活动，破坏了古人事死如事生的传统习俗，是对墓主及其后人的极大不敬，同样为了更大的利益，使盗墓者的个人情感、个人意志、人生观、价值观被金钱所侵蚀，人性缺失，诚信丢弃，道德失范，秩序失调，致使伦理规范畸形化，如河西走廊的早期盗墓，按照不成文的行规，合伙人多有血缘亲戚关系，或是要好的铁哥们儿，但是父子关系者较少，因为父亲作为长辈要在儿子面前维护长辈的形象和尊严，但在高额利益的驱动下，加上人与人之间的不信任，盗墓者往往利欲熏心，做出损人利己甚至残杀同伴的事情，所以，在河西走廊一带出现了父子之间的盗墓关系，如在陕西唐永泰公主墓的天井处发现的一具直立人骨，甚至于父子关系盗墓组合出现后，仍然发生儿子残害父亲的事件，人性在金钱面前竟然扭曲至此！

另外，在文物犯罪过程中，盗掘、倒卖、走私是一个犯罪链条，而盗掘古墓只是第一步，为了获取更大的利益，他们或动用各路人脉，通过黑市渠道进行倒卖，或编造美丽的故事抬高出售价格，或者通过特殊的渠道送出海外，因此，盗掘古墓葬犯罪是之后的倒卖、走私文物等犯罪行为的源头，严厉打击和控制盗墓行为可以预先防范其他文物犯罪。

知识拓展

近些年来，盗墓文化可谓红透了文化市场。例如，盗墓小说《鬼吹灯》《盗墓笔记》因情节惊险刺激而广受关注。小说火了之后，《九层妖塔》《寻龙诀》等以盗墓为题材的电影及网络剧《鬼吹灯之黄皮子坟》等陆续上映热播。这些都说明盗墓文化拥有广泛的受众基础。盗墓文化带有惊险刺激的元素,这些元素能够充分满足人的好奇心。如果再添加些爱情、英雄等炫酷色彩,盗墓文艺作品自然能够赚足眼球,收获大量粉丝。在盗墓文化的影响之下,盗墓迷们都有去盗墓猎奇的想法和冲动,只是大部分人因为理智而没有付诸行动。但是对于某些缺乏理智、被利益驱使的盗墓迷来说,盗墓文化的耳濡目染极可能让这种想法和冲动成为行动。

根据所学请思考:小说和影视中的盗墓事迹在现实中是否真实存在?我们应该如何去欣赏这些惊险刺激,引人入胜的作品?

单元四　艺术品真伪鉴定的案例

艺术品真伪的鉴定是艺术品市场管理中相当重要的一个环节,艺术品的真伪直接影响着艺术品市场的交易和质量。就像我们碰到的"正版"和"盗版"商品一样,如果以盗版冒充正版,且以同样的价格出售,毫无疑问会给消费者带来利益上的损失。但是,艺术品作为一种特殊的商品,它的真伪鉴定远远要比生活中普通商品要复杂。近年来,出现的有关艺术品的法案越来越多,对于艺术品市场的管理以及文物艺术品鉴定的发展之路提出了新的挑战。

视频:艺术品的真伪谁说了算?

案例一:中国拍卖第一案——张大千《仿石溪山水图》

1995年,在浙江国际商品拍卖中心举办的秋季书画拍卖会上,浙江绍兴中澳纺织品有限公司总经理王定林以110万元拍下了张大千的画作《仿石溪山水图》。这张画上右侧有谢稚柳的题跋,左侧有徐邦达的题跋,被认定为真迹。谢稚柳凭着和张大千几十年的交往,确信此画为真品,并出具了亲笔鉴定书:"确定此图为真迹无疑。"但作品成交后,存疑的王定林到北京找到徐邦达,徐邦达认为作品上的题跋属于书画作伪中典型的移花接木,该作为摹本。

王定林于是要求拍卖方退画，遭到浙江国际商品拍卖中心拒绝，于是王定林先后向浙江省杭州市最高人民法院提起了诉讼。此案件持续了几年，在1998年谢稚柳去世以后，国家文物局11位专家接受委托，对张大千的《仿石溪山水图》进行鉴定，最终认定此画是伪作。浙江国际商品拍卖中心败诉，赔偿王定林总计127.5万元。

资料来源：华夏第一拍卖案 [EB/OL].

案件二：金缕玉衣骗贷案

原北京燕山华尔森集团法人代表谢根荣，以2万元购买的玉片、金丝，自己动手打造了一件"金缕玉衣"。之后，谢根荣请来包括原故宫博物院副院长杨伯达等5位专家，亲自为自己伪造的"金缕玉衣"开具证明，在这份证明中，五位在古董界堪称泰斗级别的专家给这件赝品开出高达24亿元的估价！此后，谢根荣拿着这件价值24亿元的"金缕玉衣"在中国建设银行成功骗贷6亿元人民币，截至2008年谢根荣落网之日，建设银行的损失已经高达5亿多元。谢根荣赝品骗贷的事情败露，那五位专家也自然而然被推上了舆论的风口浪尖，可面对所有人的质疑，这些专家们却称当时鉴定的时候并没有打开展柜，实属"看走眼"之故。

资料来源：1999年一富商2万伪造金缕衣，故宫专家估价24亿，轻松骗走银行5亿 [EB/OL].

案例分析：以上两则案例，集中反映了艺术品市场管理中最为突出的真伪鉴定问题。

艺术品真伪的鉴定，实际上也是困扰世界艺术品市场的重要问题。当前，我国艺术品市场上导致艺术品赝品泛滥的原因主要有：一是艺术品高利润的诱惑；二是鉴定的难度；三是法律监督体系欠完善。艺术品投资是继房地产和股市之后又一火爆的行业，著名艺术品投资家庄诺认为："艺术品长期投资收益远高于房地产"。据《收藏》杂志援引的相关数据显示："2005年到2008年，高端的现当代艺术品价格飙升了426%，中端的现当代艺术品价格飙升了339%。在同时期，现当代艺术品的投资回报远高于同期的股票。"因此，在高额利益的驱动下，导致大量伪作、赝品充斥市场，就目前市场而言，有专家表示，民间收藏中有99%为赝品。赝品泛滥，而专家鉴定也不能保证100%准确，如前面所引案例中，张大千的《仿石溪山水图》的真伪问题，同为顶级的鉴定专家得出了截然不同的结果，可以显见，无论结果如何，法院的判决是无奈的。

文化产业管理：理论与实践

另外，目前文物鉴定还存在专家鉴定乱象的现象，如"金缕玉衣"虚假鉴定事件，说明真专家也可以作伪鉴定，因此，艺术品的鉴定未来要走专家鉴定和利用科学技术测试相结合的方式，一方面仅凭目测经验是远远不能适应现代艺术品市场的发展；另一方面也能有力矫正当下"专家说了算"的局面。如国内知名的企业雅昌文化集团，就建立并推出了雅昌艺术品鉴证备案服务，联合全国知名艺术家，对其作品原作进行鉴定，并运用科技手段对艺术品进行检测备案，为每件艺术品创建"身份证明"。

艺术品鉴证备案服务，可以为国内部分艺术品的鉴定和管理提供一定的帮助，也为艺术品的鉴定起到了良好的示范作用。另外，加强艺术品相关鉴定体系的建立和完善依然是亟待解决的问题。如从案件二中可以看到，当下拍卖法的规定，均以拍卖"不保真"为圭臬，拍卖公司可以不保真，但不许参与作假，这应当成为一条雷打不动的根本行规，另外，也可以事前双方约定有"如为赝品可退"相关条款。政府层面可以组织行业协会建立一整套完善的机制，包括鉴定机构如何认证、设立，设立后如何规范、管理，遇到争议如何解决等问题，如何确定鉴定双方的权利、义务和法律责任，出现分歧后，纠纷的解决渠道、方式、程序等。当然，我们有理由相信，随着相关法律法规的制定和执行，国内的艺术品市场一定会更加规范、更加繁荣。

> **课堂思考**
>
> **思考与讨论：**对于流失海外的文物，目前回归的途径主要有依法追索、民间捐赠和商业回购几种。在现有文物回流方式的基础上，你觉得还可以进行哪些创新？如何索回我们流失的文物？请谈谈你的看法。

> **思政园地**
>
> 中华文明是世界上唯一没有中断的文明，源远流长，博大精深，这是流淌在每个中国人血脉里的文化自信、文化认同。文物保护利用让这份自信凿凿有据，让这份认同持续深化。在新时代，我们必须始终坚持"保护第一、加强管理、挖掘价值、有效利用、让文物活起来"的文物工作方针，加大文物和文化遗产保护力度，加强城乡建设中历史文化保护传承，建好用好国家文化公园。坚守中华文化立场，提炼展示中华文明的精神标识和文化精髓，加快构建中国话语和中国叙事体系，讲好中国故事、传播好中国声音，展现可信、可爱、可敬的中国形象。

模块自测

一、单选题

1. 下列表述正确的是（　　）。

    A. "文物"跟"文化遗产"的含义是相同的

    B. 所谓"文物"必须具有历史、艺术和科学价值，三者缺一不可

    C. 鉴定真伪是研究文物的唯一目的

    D. 宋代是金石学的兴盛时期

2. 文物按照价值可以分为（　　）。

    A. 珍贵文物和普通文物　　　　B. 珍贵文物和一般文物

    C. 贵重文物和普通文物　　　　D. 重要文物和非重要文物

二、多选题

1. 下列选项中，属于历史文物的有（　　）。

    A. 具有历史、艺术、科学价值的古文化遗址、古墓葬、古建筑、石窟寺和石刻

    B. 与重大历史事件、革命运动和著名人物有关的，具有重要纪念意义、教育意义和史料价值的近现代重要史迹和代表性建筑

    C. 反映历史上各时代、各民族社会制度、社会生产、社会生活的代表性实物

    D. 古代名人名家的尸骨或化石

    E. 仿古建筑

2. 文物的非常规流转包括（　　）。

    A. 偷盗　　　　B. 战争　　　　C. 走私　　　　D. 拍卖

模块六 图书出版业管理

案例导入

书，尽情听

阅读可以有很多种样式，从纸质书到电子书，再到被称为"耳朵经济"的有声书，三种形态相互促进、互为补充。无论是上下班路上、做家务还是睡觉前放松，音频在人们的生活场景中出现的频率越来越高。听，已经成为一种生活方式。据中国新闻出版研究院统计，2018年，我国有近30%的人有听书习惯，一个庞大的市场正在使有声书成为新的风口。满足公众对优质、多样音频内容日益增长的需求，提升编辑策划和内容创作能力，将是未来的发力点。

案例分析： 进入21世纪，随着知识、信息获取方式的多元化，尤其是在新兴的数字化媒介不断冲击传统的纸质报刊书籍，社会阅读习惯也在一定程度上发生着改变。有声读物，与数字化和传统出版都有交叉与区别，具有其独特的优势。有声读物创造了越来越显著的社会、经济价值。随着科技的进步、移动互联网的发展，中国政府着手发展数字阅读，将科技与传统阅读结合起来，让文化产业有新的展现形式。有声阅读作为数字阅读的一种表现形式将会在有利的政策环境中进一步推进和发展。有声读物及电子图书市场的日益扩大，为出版业带来了机遇和挑战，在新时代背景下，我国图书出版业该如何依靠创新和转型来生存与发展，是一个全新的课题。

本模块首先介绍我国图书出版业管理现状；其次以线下实体书店的经营管理为对象，介绍我国当下实体书店的转型和发展；最后通过图书营销中经典案例的解读，总结当下图书营销中值得借鉴的手段和策略。

学习目标

知识目标

1. 了解新时代图书出版业的现状；
2. 理解图书出版管理的基本原则；
3. 掌握图书出版管理的主要手段。

能力目标

1. 能够用创新的理念制订图书线下营销计划；
2. 能够运用互联网+思维设计图书线上营销策略；
3. 能够对当下实体书店的转型提出合理的建议。

素养目标

1. 养成热爱阅读的习惯；
2. 培养市场意识和服务意识；
3. 提升开拓意识和竞争意识。

单元一　图书出版业管理

一、新时代图书出版业的现状

党的十九大报告指出，中国特色社会主义进入新时代，我国社会主要矛盾已经转化为人民日益增长的美好生活需要和不平衡不充分的发展之间的矛盾。随着社会的不断发展进步，人们的生活水平和认知水平逐渐提高，自身需求也在发生着深刻变化，已由满足物质需求转化为更加注重精神层面的需求。出版作为文化建设的重要组成部分，是促进文化繁荣兴盛、建设社会主义文化强国的重要力量。图书出版业作为文化产业的重要组成部分，始终受到从中央到地方的各级党政部门的高度重视。

文化产业管理：理论与实践

党的十八大以来，国家大力推动管理机构改革，编制行业发展规划，2017年9月，《新闻出版广播影视"十三五"发展规划》（公开版）正式发布，为行业发展规划蓝图，不断深化体制改革和机制创新，加大对图书出版领域的管理力度，明确社会效益考评的具体办法，适时推行了一系列政策举措：2018年至2019年，为进一步强化出版导向管理、内容管理，确保文化安全，中宣部、国家新闻出版署先后印发《关于进一步做好新形势下出版物重大选题备案工作的意见》《图书、期刊、音像制品、电子出版物重大选题备案办法》；2019年1月，中宣部印发的《图书出版单位社会效益考核评价试行办法》开始施行，形成对社会效益具体可量化的核查要求；2019年3月，中央办公厅、国务院办公厅印发《关于加强和改进出版工作的意见》等。在这些政策的引领下，图书出版业以扎实推进社会主义文化强国建设为目标，守正创新、攻坚克难，在巩固壮大主流思想舆论、增强文化自信、满足人民精神文化需求、提升国家软实力等方面取得了重要进展。

（一）图书出版业总体发展良好

国家新闻出版署最新数据显示，2018年，新闻出版产业营业收入、资产总额和所有者权益继续增长，经济规模稳步提升，全国出版、印刷和发行服务实现营业收入18 687.5亿元，同比增长3.1%；拥有资产总额为23 414.2亿元，增长5.6%，所有者权益11 807.2亿元，增长4.4%。其中，图书出版营业收入、利润总额增长提速、营业增速在8个产业类别中名列第一。

2018年，全国共出版图书51.9万种，较2015年增加4.4万种，增长9.1%，年均增长3.0%。2018年，图书出版总印数100.1亿册（张），较2015年增加13.5亿册（张），增长了15.6%，年均增长4.9%；单品种平均印数首次超过1.9万册/种，单品种效益显著提升；2018年印量达到或超过100万册的书籍有90种，较"十二五"末期（2015年）的68种增加22种，其中新版图书占一半以上（48种），充分表明了新时期图书出版内容创作的持续繁荣和广大读者消费需求的日益增加。

（二）图书出版业向数字化转型

伴随着媒介融合时代的到来，几乎所有的传统媒介领域均面临着数字化的冲击，图书出版领域自然也不例外，文字、图像、音频、视频的媒介内容可以通过数字代码、报纸、广播、电视等媒介展示，人们可以通过多种渠道进行交流互动和信息查询，出版生产和传播尤其是都市类报刊、实体书店的数量较之以往都呈现出明显的下滑趋势。传统出版业如何拥抱网络并与其融合发展，成为新闻出版业发展不可回避的重大问题。2014年4月，国家新闻出版广电总局和财政部印发了《关于推动新闻出版业数字化转型升级的指导意见》，推动新闻出版单位数字化转型升级。

2020年1月7日，中国移动新闻出版研究院院长魏玉山在第十三届新闻出版业互联网发展大会上发布了《2019年全国新闻出版业互联网发展报告》，报告显示，2019年国民阅读习惯已经发生了极大的改变（图6-1），图书市场纸质书的销售逐渐向网络化、数字化、智能化的方向发展。数字出版产业正在蓬勃发展，它的整体收入正在持续增长。据调查显示，数字出版产业整体收入正在逐年以10%以上的比例增加。

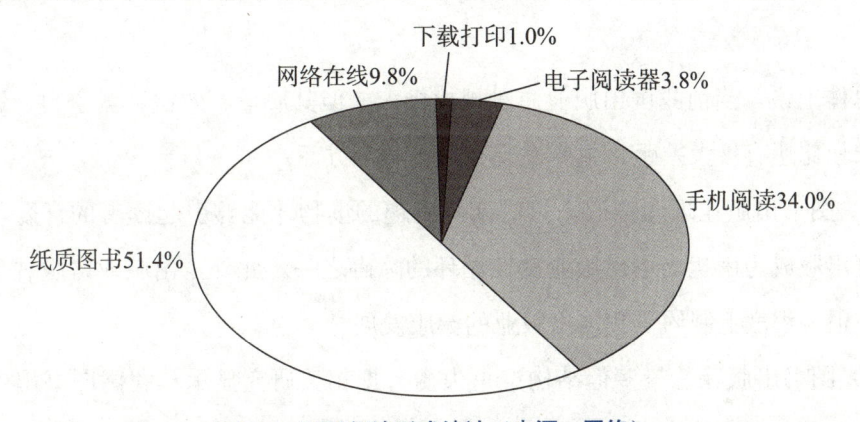

图6-1 国民阅读形式统计（来源：网络）

2018年移动出版收入、在线教育收入和网络动漫收入中，数字出版收入占总收入的42.23%。这些数字表明，数字出版具有不可低估的发展潜力。因此，出版业还需不断地转型融合，改变自身的经营发展模式，从纸质图书出版向数字化图书出版转型。

（三）图书出版业进一步国际化

在"一带一路"的背景下，图书出版业加大了走出的步伐。2014年年度"丝路书香"工程获批准，成为新闻出版业唯一进入国家"一带一路"倡议的重大项目。随着"丝路书香"工程的实施，在英文版权贸易不断增长的基础上，其他语种特别是小语种版权贸易实现较快增长，语种结构不断改善。一批解读中国梦、传播当代中国核心价值观、发出中国声音、讲述中国故事的主题、文学、少儿、历史、对外汉语教材等类型的图书占据了重要位置。

但是也应该看到，当今世界进入新的动荡变革期，"走出去"工作面临很多新挑战。如何进一步讲好中国故事、传播好中国声音，展现可信、可爱、可敬的中国形象，始终是人们思考的重要问题。在"走出去"的选题策划上，应加强内容建设，更加重视本土化开发，选题既要富有中国特色，也要易于引起国际读者兴趣及情感共鸣，如中国社会科学出版社策划出版的"理解中国"丛书之《破解中国经济发展之谜》就是一个范例。这本书的英文版自出版至今已下载 1.2 万余次，获得国际读者的广泛关注。对于传播途径短、宣传实效强、影响范围广的图书（如季刊），应进一步完善机制，使其能第一时间抵达海外市场和读者，在最短时间内发挥最大作用。同时，应进一步加强与国外主流平台，如知名出版社、新闻机构的合作，拓宽与海外知名学者、机构、媒体等渠道的合作领域，用好海外主流平台，使中国话语入耳入心，真正具有感召力、亲和力、传播力。

从总体上说，当前我国出版业总量规模极大，但其质量、效益、竞争力、影响力同发达国家相比还有极大差距。主要表现在以下几个方面：

（1）图书出版业理念陈旧。只有新鲜有趣的读物才能够引起读者的喜爱，跟风出版和重复出版成为困扰当下出版业良性循环的障碍之一。此外，出版业盗版现象十分严重，这在很大程度上制约了我国出版业的健康发展。

（2）图书出版业总量多但结构严重失衡。据相关研究显示，我国图书出版业库存每年都在上升，但人均图书拥有量仍是低水平状态。就种类而言，以教辅资料为主，有关自然科学、社会科学方面的图书较少，精品读物更是少之又少。

（3）图书出版营销滞后。我国图书出版行业较为重视图书出版，对于图书营销这方面却不够重视，这与传统的图书体制不无关系。好的图书需要好的营销策略，只有将出版和营销相结合，平衡两者之间的关系，才能实现图书出版行业的发展。

二、图书出版业的管理和发展

出版活动不是单纯的精神活动或单纯的物质生产活动，它兼有精神生产和物质生产的双重性质，它所生产的产品，既是精神产品，又是物质产品。对出版活动的管理既要有对其精神生产活动的管理，又要有对其物质生产活动的管理。

（一）图书出版管理的概念

图书出版管理，是政府机构、行业组织或出版企业为实现一定的目标而对出版权产业链（包括编辑、印刷、发行、物资供应、教育、科研等）的一切活动及与出版业相关的部门（如工商、税务、运输、邮政等）进行计划、组织、指挥、协调、控制和监督等的总称。

（二）图书出版业管理的原则、内容和手段

1. 图书出版管理的原则（图 6-2）

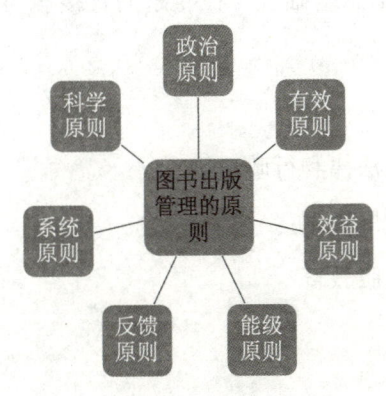

图 6-2　图书出版管理的原则

（1）政治原则。新闻出版有着强烈的政治性，新闻出版的方向体现出国家的意志。我国出版业的根本原则是坚持为社会主义服务、为人民服务；将社会效益放在首位，坚持社会效益和经济效益相统一；坚持"百花齐放，百家争鸣"。

（2）有效原则。有效原则是出版管理的基本原则，无效等于没管。有效原则要求出版管理机构的行为有效、出版管理机制有效率、出版管理人员精干。

（3）效益原则。出版业具有社会效益和经济效益的双效特征。因此，出版管理需要兼顾两个效益，坚持将社会效益放在首位，但是不创造经济效益，也会失去其存在和发展的物质基础，也就没有社会地位，因此，争取两个效益均达到最佳才是健康合理的管理出版行为。

（4）能级原则。所谓能级原则，就是根据法规、机构、人员的不同作用和不同级别，建立起一定的秩序和规范，形成比较稳定的出版管理结构，确保各级出版管理机构的职、权、责、利分明。

（5）反馈原则。反馈原则指的是在出版管理中，应特别注意反馈信息的全面、完整，不可以将局部、少量的反馈信息当作全部的信息，从而影响出版管理决策的正确性。

（6）系统原则。系统原则指的是出版管理的对象，即编辑、印刷、发行、物资供应、教育、科研等环节，都不是孤立存在的，它们共同构成了一个完整的出版系统，每个管理指令均会对系统内的所有子系统产生不同的影响。因此，在出版管理过程中，要从系统的、全面的、长远的利益出发，不能顾此失彼。

（7）科学原则。科学原则要求出版管理机构或管理者的管理决策，建立在全面调查研究并掌握大量、真实的信息基础上，在专家的直接参与下，集合集体的智慧做出决策，以保证决策的科学性。

2. 图书出版管理的内容

（1）制定、实施有关的法律和行政法规；

（2）制定发展战略或发展规划；

（3）管理出版人才与出版教育；

（4）管理出版物市场；

（5）管理出版物质量；

（6）管理国际交流；

（7）制定产业组织政策。

3. 图书出版管理的手段

（1）法律手段。法律手段是指通过制定专门的出版法律或相关的法律来规范出版行为。利用法律手段管理出版物的优点在于：一是具有强制性，即一定区域内的人和团体都必须遵守；二是具有很强的稳定性，即一经颁布，就要在相当长时间内发挥作用。但是，法律手段也有缺点：一是法律滞后是普遍存在的现象，新问题、新情况不断涌现，但是新的法律又尚未出台，给依法管理带来困难；二是法律手段比较僵硬，缺少必要的灵活性和变通性。

（2）行政手段。行政手段是指通过行政命令直接对被管理者发出指示、规定、通知、命令等，以实现管理目的的一种管理措施。在出版法规健全的条件下，虽然行政手段不可或缺，但是不能过分依赖，更不能滥用。行政手段的运用，是建立在一定的法律基础之上的，应依法行政。

（3）经济手段。经济手段就是利用经济原则对出版业进行管理，包括税收、贷款、投资、工资、资助、奖惩等经济措施。经济手段是出版管理的有效手段，可以促进出版业内部的资源、资金、人才等的合理流动，实现出版物资源的合理配置。但是也有一定局限性，特别是在出版企业内部，单纯的经济手段虽然在调动职工的积极性方面有一定作用，但是也会带来买卖书号、片面追求经济效益等问题。

> **课堂思考**
>
> **讨论：** 出版家陆费逵先生在《青年思想杂谈》中提到："书业虽然是较小的行业，但是与国家社会的关系，却比任何行业大些"，孙中山先生也曾在《建国方略》中指出："人类非此无由进步。一切人类大事，皆以印刷蓄积之。"请结合你自己的感受和经历，谈谈你是如何认识出版的功能的。

单元二　线下实体书店管理
——以西西弗书店为例

一、实体书店现状概述

阅读，是人类获取知识、增长智慧的重要方式，更是传承文明、提高国民素养的重要途径。《读书诫》中说，一个不读书的民族，是散乱的民族；一个不读书的国家，是挨打的国家。

阅读是让一人一生持续增值的事情，而书店，是读书人安栖灵魂的圣地，是发展国家特色文化产业的重要载体，也被看作是国家软实力和文化的象征，对塑造城市人文精神、促进社会和谐发挥着不可替代的作用。实体书店作为一个追求利润和效益的市场经济实体，它通过广告、公关、促销等传播手段，推广自己的品牌、拓展自己的知名度和影响力，吸引现有和潜在的消费群体，另外，它为受众提供了一个自由的公共精神空间和文化互动的场所，给广大消费者带来了远超过产品本身的感官和情绪体验，满足了受众的精神需要，它的兴衰关乎每一座城市的精神气质和对文化的传承。

然而进入互联网时代以来，电子商务的普及与数字出版的异军突起，网络时代如雨后春笋般涌现，它们利用互联网信息技术优势为广大消费者提供在线检索、阅览、订购、送货上门等多元化便捷服务，又因其经营成本低的优势，在图书价格上压低图书零售价格，占据了图书零售市场的很大份额，直接挤压了线下实体书店的生存空间，另外，各类新媒体技术带来的网络阅读盛行，手机浅阅读成为主流。互联网对经营环境冲击，阅读习惯对读者市场需求的改变，使实体书店面临着前所未有的机遇和挑战。据《中国实体书产业报告》显示，2020年，中国有4 061家实体书店新开面世，也有1 573家书店关闭。在此趋势下，西西弗书店却实现了成功转型，据数据显示，2018年西西弗书店实现了营收9亿的好成绩，在各类书店中位列第一。据2021年4月西西弗书店官网信息显示，其在全国70多个城市拥有300多家实体连锁书店，300多家意式咖啡馆，超过500万活跃会员。西西弗书店到底是如何在闭店大潮中逆势发展，持续盈利？其成功的经验值得我们好好学习。

二、西西弗书店的营销策略

（一）西西弗书店简介

西西弗书店于1993年8月8日正式诞生于中国贵州遵义，总部位于重庆市。"西西弗书店"的名称来源《希腊神话》中的西西弗斯。西西弗斯是科林斯的建立者和国王，他曾一度绑架死神，让世间没有了死亡。后来，西西弗斯触犯了众神，诸神罚他将巨石推到山顶。然而，每当他用尽全力将巨石推近山顶时，巨石就会从他的手中滑落，滚到山底。于是，他只能不断重复、永无止境地做这件事情——诸神认为再也没有比进行这种无效无望的劳动更为严厉的惩罚了。在西西弗书店创始人看来西西弗斯连续、机械而无果地搬运巨石象征着一种坚忍不拔且富有牺牲的精神，西西弗书店希望借此寓意发展成为图书产品行业乃至文化产品行业中的西西弗斯。

1993年，中国涌起第一批开书店的热潮，西西弗还只是一个"书社"，占地20平方米。1996年，西西弗在贵阳创办了全省最大的民营书店，2008年首次实现跨省连锁，2011年进入成都，2013年入驻深圳，2014年来到南宁，2015年设立了杭州店，2016年进一步扩张。在如今的实体书店行业，西西弗是一个标杆。在书店行业受到严重的网络冲击竞争态势下，西西弗依旧创下了年营业额1.5亿元的业绩。

（二）西西弗书店的经营模式

西西弗书店一直秉承"参与构成本地精神生活"的价值理念，以"引导推动大众精品阅读"的经营理念，为人们打造一个连锁精品书店，经过近三十多年的发展，它的经营范围涉猎图书零售、图书定制出版、咖啡饮品、文化创意产品等多个文化领域，形成了以阅读体验式书店为主要经营形态，以主题空间体验为基础、以产品运营体验为核心、以服务互动体验为增值的"三位一体"复合体验模式。

1. 阅读体验创新：打造多元化经营的"城市书房式"文化空间

西西弗书店以读者的消费触点为导向进行沉浸式体验场景构建，为读者打造了一个舒适的阅读场景。

（1）装修具有美感。西西弗书店的空间设计理念是"一切均可阅读"，西西弗几乎都是坐落在交通便利的商圈内，书店以简约欧式风为主，暗红色墙面与柔和的暖黄色灯光相呼应，形成一种温馨安宁的氛围，再配合层次丰富的图书陈列，打造出独特的文化仪式感，这种极具匠心的装饰加深了顾客对环境的印象，从而增强了顾客对西西弗书店在环境方面的价值感知（图6-3）。

图6-3　西西弗书店

（2）拓展文化空间。针对儿童，店内设置了具有互动性的阅读体验空间及趣味小课，并在儿童体验区定期推出创意课堂活动，让小朋友们互相分享故事，从而激发他们的阅读兴趣。

（3）增强顾客体验感。如不二生活区为顾客提供文化衍生产品与高品质创意家居产品，阅读书籍之余还可以尽情地挑选自己喜爱的工艺品；矢量咖啡区域有专业的意式咖啡和精美西点，视觉、味觉让阅读、艺术和生活完美融合。

2. 产品运营创新："文化＋多元商业"的跨界营销

图书行业是一个薄利润行业，单纯靠经营图书难以维持书店的日常开销，而一般情况下，书店的位置又多位居于人口密集区或商业区，高额的房租和员工工资等硬性成本都会给书店的运营带来压力。西西弗书店又是如何解决这个难题的呢？西西弗经过近三十年的发展，目前旗下有 Park 书店、矢量咖啡、"不二生活"创意空间、"七十二阅听课"儿童阅读体验空间、《唏嘘》杂志、推石文化六个子品牌，经营范围涉猎图书零售、咖啡饮品、文化创意产品、图书定制出品等多个文化领域。

值得一提的是，不同于其他书店中的咖啡店门庭冷落，"矢量咖啡"在不断深化其书店品牌的同时，具有良好的口碑，已经成为西西弗不可缺少的一部分，因此，在消费升级的情况下，西西弗跳出书商的思维，开创复合型经营模式，打造以书店为主体，兼备"图书＋阅读＋文创＋咖啡"等多种业态并存的文化体验空间，将文化的传播与商业化经营完美结合是西西弗书店经营的创作所在，也是其能逆流而上的主要原因之一。当然，作为书店产业的延伸，尽管图书薄利，但是西西弗书店仍坚持以卖书为核心，因此，西西弗书店中图书占店面的 80%，"矢量咖啡"占 15%，"不二生活"占 5%，这是一个比较恒定的比例（图 6-4）。但是，西西弗书店以跨界融合的手段引入了丰富的产品类型，更容易让消费者感知到更多的产品价值，使其在与传统的单业态书店的竞争中脱颖而出，从而对消费者形成更强的吸引力，在图书市场中占据了一定的消费市场。

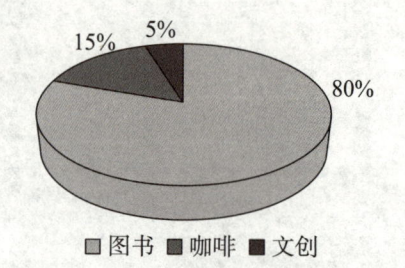

图 6-4　西西弗书店营业销售额占比（数据来源：据公开资料整理）

3. 服务互动体验创新：线上 + 线下联动，做文化的推送者

（1）线上互动深化品牌形象。互联网的使用增强了企业与用户的联系，西西弗书店善于挖掘线上社交媒体的传播效应，积极使用新媒体营销，为消费者提供便捷购物途径的同时，最大限度地吸引消费者参与到实体书店消费之中（图 6-4）。如利用微信公众号、豆瓣等服务功能及时发布产品及活动信息，与消费者进行线上互动，从活动开始筹备的宣传视频等的制作和传播，到活动进行中的话题共享，再到活动后的反馈及宣传助力，与线下活动配合，促进双向推广，既增加了顾客体验又增强了客服的忠诚度，最终转化为经济利益。

西西弗还有效利用了微信卡包及支付功能。西西弗会员卡在与微信绑定后自动加入了微信卡包，方便会员查看积分及获取其他服务信息。同时，开通了西西弗微信小店，进一步方便顾客并促进消费。

（2）高性价比的会员制稳定顾客联系。西西弗书店为会员开通了西西弗书友和西西弗会员两种会员类型，西西弗书友缴纳十元服务费可以自动升级为西西弗会员，西西弗会员比西西弗书友享有更多福利，除西西弗书友能获得消费积分及积分兑换的权益外，还可享受兑换优惠券、矢量咖啡馆优惠、每周三会员日正价购买商品享受全场八八折优惠等多种形式，为顾客创造了更多的实惠。这种分级的会员制度，一方面有利于西西弗书店通过会员资料数据了解顾客及顾客消费行为；另一方面可以将会员作为重点顾客，进行更加具有针对性的营销和关怀。西西弗重在提升书友的消费体验，扩大西西弗书店的潜在消费群体。两种会员类型的结合有效地提升了西西弗书店的顾客忠诚度及消费者人数。据统计，截至 2018 年 12 月西西弗书店已有超过 350 万活跃会员，会员群体的迅猛发展说明西西弗书店与顾客建立了良好的联系，并且在顾客心中留下了深刻的品牌印象。

（3）线下举办顾客参与的多元文化活动。西西弗书店不仅是一家书店，也是媒介和平台，在进驻各个城市后，西西弗致力于参与到城市对话之中，充分运用自身在行业内的知名度和影响力，大力推广文化活动，包括主题讲座、新书分享会、生活荟、书友沙龙会等丰富多彩的主题文化活动，给予客户多元化的文化体验，丰富了读者的阅读生活，实现了与大众的深层互动。2017 年西西弗继续举办丰富的文化活动，全国共计 1 200 场，2018 年上半年举办的文化活动，全国共计 600 多场，活动参与人数近 10 万人。为推广大众阅读而开拓创新，在西西弗全国连锁书店推出"点亮自然""刺杀骑士团长"

等大型重点图书主题月活动，并联合文化机构推出"杨澜：幸福力""黄轩：收藏我的阅读瞬间"等主题关注明星书架活动，产生了积极广泛的社会效应。

西西弗书店利用其实体书店的天然有利条件，把有着相同爱好的读者聚集在一起，组织线下的阅读分享与文化活动的交流，通过阅读和书的桥梁把这些小型社群牢牢地吸引在书店周围。不仅能吸引新粉丝，还能提高旧粉丝的忠诚度，有利于书店的长期发展。

三、小结

随着数字化阅读与网络书店的兴起，实体书店的确面临着诸多困境，但是纸质的阅读永远没有办法被取代。墨香的味道及翻动纸张摩挲着上面文字的拥有感是数字阅读无法比拟的，这种几千年的纸质阅读习惯与传统，已经深入人们的基因中，成为生活中重要的组成部分。应该看到，随着媒介融合时代的到来，几乎所有的传统媒介领域均面临着数字化的冲击，图书出版领域自然也不例外，但由于纸质阅读自身无可比拟的优势，纸质图书出版的市场依然还在稳步发展。据调查分析，以电子书形式的数字化产品，其出版总量占我国图书出版产业销售总收入的 5% 左右，纸质图书的出版仍占据着市场的主导地位。

近年来，随着"文化强国"目标的提出，阅读越来越受到党和国家的高度重视，2014 年以来，全民阅读已连续 9 年写入政府工作报告；2016 年，首个国家级全民阅读规划《全民阅读"十三五"时期发展规划》印发；2021 年，"十四五"规划纲要明确"深入推进全民阅读，建设'书香中国'"，全民阅读上升为国家发展战略，在党和国家政府领导人的大力倡导下，全民阅读氛围逐渐形成，而这对于实体书店的发展无疑是良好的机遇。

因此，在政府利好政策的大力支持下，在全民阅读氛围日益浓郁的今天，实体书店认真地向优秀企业学习，审时度势，以服务人民、传播优秀文化为中心，创新经营方式，相信我国会有更多实体书店摆脱困境向着更加美好的方向前进。

> **课堂思考**
>
> **练一练：** 实地调研你所在学校周围的书店，了解其目前的经营状况及顾客对其满意程度，试着根据顾客的需求及书店的不足提出解决方案。

单元三 时尚类图书管理
——以梁晓声图书《人世间》为例

一、图书是一种特殊商品

图书是一种特殊的精神产品，它承载着古今中外人类精神文明的结晶，关系到人心向背和国家民族的未来。党的十八大以来，我国图书出版业高质量发展，精品图书佳作频出，一批精品力作助推全民阅读，在图书出版发展利好的时代，应该看到图书也是一种特殊的商品，商品买卖的本质是追求利润，因此，图书的营销和其他商品一样，也需要讲究营销策略和手段。如何在我国数字出版产业逆势上扬的时代背景下，赢得市场和先机，图书业的经营管理需要积极探索面向未来的发展之路。

二、梁晓声图书《人世间》让文学成为爆款IP

《人世间》是当代作家梁晓声创作的长篇小说，于2017年12月首次出版，是中国作家协会2017年度重点作品扶持选题，也是"十三五"国家重点出版物出版规划项目图书。2018年，中央广播电视总台央广就获得了该作品的独家有声改编权，并制作了120集的长篇小说连播巨作。2019年7月，《人世间》获第二届吴承恩长篇小说奖，同年8月16日，获第十届茅盾文学奖，2022年年初，电视剧版《人世间》热播荧屏，成为时代IP，与此同时，2022年京东图书年中排名《人世间》再次稳居总榜榜首。《人世间》从传统文学到有声再现，再到影视出圈的出版路径，既证明了文学与有声、影视之间的亲密关系，更标志着一个优质文本在创造与接受领域之间存在着广阔空间，同时实现了其对传统出版的反哺，其传播策略值得我们深入探析。

（一）文本内容策略

好的文本内容应该始终与时代发展紧密相连，反映时代主题。《人世间》之所以成功，究其文本内容来看，始终围绕"发展"这一主题，将中国50多年的历史演进和社会变迁，通过周家人的生活轨迹予以生动展现，无一不与时代主题契合与互动，因此，被评价为"既是一部厚重温暖的百姓生活史，也是一部波澜壮阔的改革发展史"。它以周家三代人的命运轨迹再现了平凡基层百姓的生活样貌，演绎着父母、爱人、手足、朋友、邻里的情感关系和真实样貌，通过众多有血有肉的人物所体现的"温暖善良的底色"，朴素而真切地描述了平民百姓的日常生活，通过百姓的日常生活去刻画和表现我们时代的巨大变革。而在巨大变革中，展现出的亲情、爱情、友情，恰恰是我们今天的时代和社会所特别需要的，因而能引起读者情感共鸣并获得广泛的认可。

（二）品牌塑造策略

《人世间》从图书到有声读物，再到上线影视市场成为高口碑的影视热剧，未来更将在海外传播。《人世间》一路高歌，离不开以中国青年出版为代表的出版方一系列的品牌发展策略。

（1）出版社与作者长期稳定的合作策略。中国青年出版社和作者长期合作，推出梁晓声一本又一本的作品，既不断地扩大了作者的影响力，又不断地打造了出版社的品牌力，满足了社会的需求。在这种相互借力的过程中，双方建立了深厚的友谊和高度信任的关系。正是这种高度的信任，在只看到初步完成的书稿在小范围征求意见时，即使出现了一些不是很理想的意见反馈，出版方始终没有动摇，坚定的予以作者支持，使作品最终得以成功问世。

（2）有声出版策略。近年来，随着数字出版产业的迅速发展，有声阅读发展势头强劲，成为深受大众喜爱的一种全新阅读方式。中国青年出版社自2017年推出《人世间》的纸质书和电子书后，又于2018年与中央广播电视总台央广娱乐广播联合打造《人世间》有声书，并在喜马拉雅、懒人听书等音频平台播放，反响热烈，为其成为时代热度起到了推波助澜的作用。

（3）影视出版策略。在北京一未文化传媒有限公司、腾讯影业、阅文集团的共同努力下，《人世间》影视改编剧以高品质、高标准问世，并掀起了收视狂潮。不仅如此，为推动国内优秀原创IP出版，《人世间》影视改编剧在拍摄之际便与迪士尼签署了海外独家发行权协议，不久后将在全球上映，不仅扩大了作品的宣传范围，也说明了我国优秀文艺作品具有国际传播的独特魅力。

（三）多媒体平台传播策略

随着新媒体时代的到来，大众对文学的获取有了更多的渠道，文学传播的路径也因此变得多元化。而一个优质内容 IP 想要成功出圈，多平台多渠道的市场推广与营销是关键，所谓"酒香也怕巷子深"。《人世间》影视改编剧上映前，剧组便借助各种线上线下渠道积极推广宣传，如在线下举办"'大剧看总台'——中央广播电视总台 2022 年电视剧片单发布会"，在线上借助抖音、快手、微博、微信等社交媒体平台宣传推广。通过发布短视频，与粉丝进行互动，获赞量高达 4 000 多万次；同时，得到了新华社等中央级主流媒体和大量自媒体的推广与支持，不仅使影视改编剧成为现象级爆款，原著小说也在各大图书平台热销。

小说《人世间》所制造的爆款效应还在持续升温，它所带来的行业发展启示值得深思：在新媒体技术迅速发展、数字出版不断升温的当下，文学作品不仅在内容上需要紧跟时代，贴近民众生活，而且在其形式和传播手段上也需要不断创新，单一的纸质图书出版已经不能满足时代的需求，跨领域、跨媒介的深度融合，应该是图书出版业未来发展的重要方向。

知识拓展

随着电视剧热播，作家梁晓声手写 8 年完成的《人世间》成为超级 IP。2022 年 7 月 9 日，"人世间杂货铺"品牌全球发布会在京召开，推出人世间故事书写笔、四季福碗、心意杯三款系列产品，从文创视角继续延续《人世间》的生命力和精神价值。

想一想：《人世间》IP 与文创的结合带给我们哪些启示？

单元四　少儿图书品牌的构建
——以"新经典"儿童文学为例

少儿阶段是塑造儿童身心健康的关键时期，少儿图书作为陪伴和促进儿童精神成长的重要资源，发挥着重要的教育性功能。近年来，随着90后群体逐渐进入家长行列，成为新生代父母群体，其对孩子教育的重视程度不断加深，根据第十九次全国国民阅读调查显示，2021年我国0～17周岁未成年人图书阅读率为83.9%，其中0～8周岁儿童家庭中，有陪孩子读书习惯的家庭占73.2%，家长平均每天会花26.14分钟陪孩子读书，少年儿童阅读量增长趋势向好。这无形中助推了儿童文学市场的迅速发展。另外，"双减"政策的实行，无疑也为我国少儿图书行业的发展创造了更大的发展新机遇，越来越多的出版机构将重心转移到少儿图书市场，这也标志着少儿图书市场进入更加激烈的竞争阶段。新经典文化股份有限公司（简称新经典）自成立之初即将儿童文学出版作为主体业务来发展，从2003年至今，旗下已拥有"爱心树""飓风社""Boyds Mills & Kane"三个少儿图书品牌，出版了《爱心树》《窗边的小豆豆》《可爱的鼠小弟》等一大批优质少儿图书，在少儿图书市场占据了一席之地。"新经典"之所以能在少儿图书市场上取得不菲的成绩，与其在内容、营销、定位上的努力分不开。

一、优质内容

图书产业是内容产业，优质的品牌内容不仅是从业者需要不断追求的目标，也是在各类少儿图书品牌盛行下提升核心竞争力的核心要素。"新经典"旗下的少儿图书之所以在国内市场占据优势位置，与其一直以来对优质内容的重视分不开。"新经典"作品在业内有口皆碑，知名评论家白烨曾说过："他们（新经典）很讲究图书的品位，又很注重图书的影响，他们一直在做的，是优质图书资源的市场最大化，或者说把好书做得畅销。这样的独特追求，使他们在逐渐成为业内翘楚的同时，也把自身塑造成了一个黄金品牌。"

"新经典"成立以来，始终秉持图书内容至上、品质至上的原则，其自创始之初，就致力成为国际化的"优质内容的发现者、创造者、守护者"。"爱心树"是"新经典"于 2002 年创立的首个少儿图书品牌,该品牌由"爱心树"绘本馆、"爱心树"文学馆、"爱心树"亲子馆三部分组成。"爱心树"绘本馆侧重引进发行精装绘本,精心挑选世界儿童作家的经典之作。其中,《可爱的鼠小弟》《勇气》和《小黑鱼》等优质儿童绘本,更是开启了中国少儿绘本阅读的新风潮。"爱心树"文学馆则专注于儿童文学作品。其策划发行的少儿图书《窗边的小豆豆》截至 2015 年,单本销量达 1 200 万册,并连续 10 年高居开卷中国畅销书排行榜少儿类 TOP5,成为中国单本销量最大的童书。

二、儿童本位

要做符合儿童需求的优质少儿图书,必须去了解读者群的心理和真实需要。在逻辑思维方面,儿童未能达到成人理解分析问题的理性,他们更多的是通过感官体验去认知周围环境与事物,所以,儿童文学更多的应该是强调趣味性和游戏性,所以,优秀的儿童图书应该成为一种趣味性与实用性相结合的产品。"新经典"少儿图书团队,无论在绘本内容还是在图书装帧设计上都力求尽善尽美。一方面,致力于将图书与教育结合,提倡寓教于乐,如从美国引进的《鼠小弟爱数学》系列丛书,是一套专为 2～5 周岁孩子准备的数学启蒙丛书。该系列丛书通过小老鼠遇到的各种妙趣横生的故事来展示数学知识,为初次接触数学的孩子创造了一个奇妙而可亲的世界:数学不仅是纸上的数字,还是生活的一部分,是一场神奇的探险!在书中,数学由抽象复杂的概念化为各种生动的事物,如合唱团的演出服,游乐园的项目等,它的画风唯美,故事风格细腻、温馨,很容易打动孩子柔软的心灵。每个故事都蕴含着成长的道理,带给孩子更多数学以外的收获。另一方面,注重给读者用户创造视觉上的独特感受,提升读者阅读的体验。"新经典"在策划少儿图书时,会根据不同年龄段儿童心理发展的特点进行图书的装帧设计。如"新经典"推出的《洞洞动起来》系列丛书,通过精心的装帧设计,将图书变成了"玩具"。针对 6～24 个月的幼儿喜欢戳洞洞、抓东西,通过手指来探索身边的事物的特点,绘本大师五味太郎巧妙地设计画面和情节,把戳洞洞变成好玩又极富创造力的游戏。每本书在外观上都是小小的,轻轻的,便于携带,孩子们可以随时随地拿在自己手里安心阅读、做游戏。图书在选材上也十分安全环保,选用符合绿色印刷标准的健康油墨及加厚的纸板,不用担心幼儿撕咬,采用圆角设计,洞洞边缘光滑平整,保证幼儿使用时的安全。

另外，由于儿童文学作品所面对的读者群体自身的特殊性，"新经典"旗下的少儿图书一直坚持分级阅读的理念，以及按照年龄进行读者分层，其本质在于"因材施教"，即让不同年龄段的孩子读符合自己生理及心理发展特征的书籍。除按年龄进行分级外，"新经典"也尝试了按性别进行分级，分为男孩读物和女孩读物。一般认为，儿童阶段，女孩子性格细腻，更偏爱美丽精致可爱的事物，而这一阶段的男孩子创造力更为旺盛，喜欢冒险刺激的事物。基于这一差异，2014年"爱心树"从法国引进了一套专门为儿童期男孩、女孩量身定做的丛书——《成为真正的男孩》和《成为真正的女孩》，这是一套图文并茂的创意小百科全书。男孩部分主要让孩子们学会野外生存、追踪动物踪迹、自学摩斯电码、认识星座和地图，全面满足孩子的好奇心；女孩部分主要让孩子们学会野外生存，了解四季五谷、自学烘焙和魔术，设计衣服和饰品，锻炼动手能力，丰富生活情趣。虽然性别化少儿图书一直颇有争议，但不可否认的是"爱心树"这种根据性别进行少儿图书策划的行为也是对分级阅读的一次有益尝试，在图书市场受众细分的大环境下，这种明确的分级，使读者市场定位更为清晰，很大程度上方便了读者的选择。

三、恰当营销

"新经典"作为国内具有代表性的民营书企，其发展壮大离不开有效的图书营销策略，在少儿图书领域也是如此。从目前的市场行情来看，图书营销主要包括线下营销和线上营销两种方式，"新经典"的营销模式也不例外。

1. 线上营销策略

作为民营书业的佼佼者，"新经典"依靠自身的品牌优势，紧随时代潮流，很早就开始运用新媒体进行图书营销。首先，"新经典"少儿图书部门在新浪微博、微信、豆瓣、知乎等平台利用文章、视频、图片等不定期对新书进行宣传与推广，保证新书信息最大限度地传递给读者。同时，通过点赞、评论、转发等方式与粉丝读者进行互动，拉近与消费者的关系，增强品牌在消费者心中的牢固度。其次，与京东、淘宝、当当等各大电商平台合作，开设自己的图书专区，不定时地开展促销活动，吸引读者注意，方便读者购买。同时，"新经典"还推出纸质书的电子版，让习惯屏幕阅读的读者也可以低价购买"新经典"的电子图书。除此之外，"新经典"少儿图书部门紧追时代步伐，利用当下受大众欢迎的短视频和直播增加曝光率，进行营销推广，如与抖音知名育儿号

"斯坦福妈妈"进行合作,收获了大量粉丝。另外,2020年4月,"新经典"策划发行的作品《人生海海》与当下一知名直播间进行合作,创造了3万册书5秒内销售一空的佳绩。自2019年5月正式开始,"新经典"少儿图书部门每月一般会进行2~5次直播卖书,频繁进行的直播活动不仅能提高销售业绩,也能进一步扩大品牌的知名度。

2. 线下营销策略

线下与读者的互动和交流,一方面有利于了解读者的真实需求和意见;另一方面还可以通过一些活动让儿童体会到阅读的乐趣,达到良好的营销效果。因此,"新经典"少儿图书非常注重与读者交流互动,通过举办多种形式的读书沙龙活动,如新书发布会、阅读分享会、签售会等,加强与读者的互动性,增强品牌与读者的黏性。为了提高活动的吸引力,"新经典"少儿图书部门也特别注重活动的创意性,如在第五届上海国际童书展上,"新经典"为了增强趣味性,特意设置了谢尔·希尔弗斯坦涂鸦墙,大小读者都可以发挥自己的想象力,尽情涂鸦。这一活动引起不少读者浓厚的兴趣,活动期间涂鸦墙部分人气非凡,起到了良好的宣传效果;在第七届上海国际童书展中,"新经典"举办了许多富有互动性、趣味性的活动。如由剑桥艺术学院博士董阳,结合新书《动手自己做一本书》所组织的手工故事会,董阳博士带领小朋友听故事,编故事,画故事,最后自己动手做出一本书,孩子们不仅在动手中体会到了手工的快乐,还收获了很多有趣的故事。这些充满创意的活动,毫无疑问,都有效增强了读者对"新经典"少儿图书的认识和喜爱,在潜移默化中对图书产品进行了宣传,达到了润物无声的营销目的。

另外,"新经典"还积极参与公益活动,不断提升品牌美誉度。如2015年,"爱心树"家庭成长中心开展了题为"书香童年,梦飞翔"的图书漂流活动,主要针对幼儿园以及中低年级的学生,捐赠20个书包、17个书箱,共计图书1 012本。2019年,"飓风社"参与了由搜狐号主办的"2019首届搜狐爱心行公益活动",以图书为桥梁,传递社会关爱,为改善偏远山区学校学生的阅读条件尽一份力。"新经典"少儿图书部门利用丰富的童书资源,通过积极参与公益项目,一方面为当地儿童带来了切实的阅读收获;另一方面也塑造了"新经典"少儿图书品牌主动履行社会责任的良好形象,一个勇于担当,心怀苍生的企业,更容易收获消费者的好感。

综上所述,少儿图书作为文化产业的一部分,兼具商业和文化属性,要做到两者和谐统一并不是一件容易的事情,而"新经典"在儿童文学出版领域能占据一席之地,得

文化产业管理：理论与实践

益于其始终坚持"儿童本位"的理念，做出儿童喜欢的优质内容，以及积极创新又温和有度的营销方式，因此，"新经典"作为我国民营出版品牌的代表，其成功的经营模式值得我国儿童文学出版界学习和借鉴。

知识拓展

据《2019 中国图书零售市场报告》统计，2019 年，网店图书零售码洋规模增长较快，同比增长 24.9%，规模达 715.1 亿元；实体店继续呈现负增长，同比下降 4.24%，规模为 307.6 亿元。这说明，越来越多的人习惯在网上买书，实体书店的销售额受到冲击。考虑到书店的社会效益、文化价值，很多地方都出台了扶持书店发展的政策。以北京为例，2019 年共计有 239 家书店获得实体书店项目扶持，扶持资金近 1 亿元。然而，如果离开了政府的财政补贴和税收优惠，一些书店恐怕生存都有问题。对于多数书店来说，没有情怀是做不大的，仅靠情怀又很难坚持做下去，书店能挣到钱才能长久。

想一想：你认为实体书店是否会随着电子书阅读市场规模的扩大而被淘汰？随着人们阅读习惯和生活方式的改变，实体书店可以在哪些方面寻求突破和创新？

思政园地

阅读是丰盈人们精神世界、提高国民文化素质、促进文化传承发展的重要途径。以文化人、文明天下，必须大兴读书之风，只有这样才能振民育德、立心铸魂。以中国式现代化全面推进中华民族伟大复兴，需要巩固马克思主义在意识形态领域的指导地位，需要凝聚人们团结奋进的精神力量，需要进一步增强历史主动、坚定文化自信，深化全民阅读、建设书香社会是必由之路。出版是文明传承的基本载体，是深化全民阅读的基础支撑和动力源泉。在新时代新征程上，全面贯彻党的二十大报告关于建设社会主义文化强国的战略部署和深化全民阅读的重要要求，书香社会未来可期。

模块自测

一、单选题

1. 以下属于新闻出版业唯一进入国家"一带一路"倡议的重大项目的是（　　）。

　　A. 丝路书香　　　　　　　　B. 丝路茶香

　　C. 丝路稻香　　　　　　　　D. 丝路墨香

2.我国图书出版管理的历史源远流长,早在( )就留下了政府对出版管理的记载。

  A.汉代   B.秦代

  C.唐代   D.宋代

二、多选题

1.下列属于图书出版管理原则的有( )。

  A.政治原则   B.有效原则

  C.效益原则   D.能级原则

  E.系统原则

2.图书管理的手段包括( )。

  A.法律手段   B.行政手段

  C.经济手段   D.思想政治手段

三、判断题

1.随着信息技术的发展,数字出版最终将挤兑纸质出版。( )

2.重视思想政治工作是中国共产党一贯的优良传统,也是我国出版管理的一贯做法。( )

模块七 广播影视业管理

案例导入

从2019年年底到2020年年初,一部网络纪录片《但是还有书籍》收获了极高口碑。这部在哔哩哔哩上播放的作品共五集,由演员胡歌担任旁白,聚焦的是编辑、装帧师、翻译、书店老板、绘本作者、旧书收藏家等爱书人的故事。上线至今,这部纪录片收获了超过557万的播放量及3.6万个弹幕,在知名影评网站上更是拿下9.3的超高分。更令人欣喜的是纪录片的后续效应——片中提到的一些冷门书籍,被青年观众放入了购物车,实现了千余册的销售量。与网红主播、偶像明星动辄千万级的带货能力相比,千册图书的销量并不惊人,但让冷门纯文学及历史书籍在热衷发弹幕的年轻一代中走红,足以证明纪录片的文化穿透潜能。在业内人士看来,其背后传递出这样一个市场信号:所谓青年观众好评多多的"网感",绝不是指低姿态的迎合,而是基于文化深度与情感温度的创新表达。

资料来源:B站高分纪录片《但是还有书籍》介绍的书都卖断货,绝不仅仅是胡歌能"带货"[EB/OL].

案例分析:党的十九大报告中指出,我国社会主要矛盾已经转化为人民日益增长的美好生活需要和不平衡不充分的发展之间的矛盾。人民群众对美好生活的期待,意味着必须提供更加丰富的精神食粮,这种新需求为我国广播影视业的发展提供了新动能。纪录片是广播影视业中一种独特的影像形式,它以其独有的真实艺术审美价值跻身视听文艺,被称为"国家相册",是讲述中国故事、弘扬中国精神、展示中国力量、传递中国价值的最真实直观的影像载体之一。近年来，电视和网络纪录片成为主要视听节目形态，中国纪录片进入高质量发展和拓展深化阶段，产业链各环节日益成熟，国产纪录片的地位从边缘走进中心，资源配置从旁支进入主流，发展目标从培育成长转为高质量发展，正在迎来前所未有的巨大机遇与广阔空间。

本模块首先阐述广播影视业的含义、特点和构成，以及广播影视业的现状及其面临的机遇和挑战，最后通过具体的案例分析广播影视业的管理和营销策略。

学习目标

知识目标

1. 了解广播影视业的含义、特点和构成；
2. 熟悉广播影视业的发展现状；
3. 理解广播影视业在建设文化强国中的地位和作用。

能力目标

1. 能够对影视作品进行赏析；
2. 能够结合具体影视作品，分析其营销策略；
3. 能够结合具体案例，对国外影视作品的营销策略进行比较与分析。

素养目标

1. 树立健康向上的人生观；
2. 培养关注社会、关注民生的主人翁意识；
3. 提升对影视作品的鉴赏能力。

单元一　广播影视业概述

一、广播影视业的含义

广播影视产业属于文化产业中的视听行业，主要包括电影、电视和广播，是指在商品经济体制下，电影、电视、广播产品在制作、放映、播放及销售等生产服务环节中形成相互竞争与合作的企业的集合。

广播影视产业是文化产业中的组成部分，具有文化产业的共性，它以内容产业为中心，满足广大人民群众日益增长的精神文化需求，具有知识密集型、技术密集型等特征，但是，广播影视产业又具有一些鲜明的特征。一是高科技性。高新技术是广播影视产业发展的核心动力，如好莱坞科幻大片广受人们喜爱的是它那令人目眩的高科技场面。二是高投入性。与高科技相关的往往是高投入，技术的更迭毫无疑问需要大量资金的投入，另外在内容的制作上，时间和人力的成本相对较高，如以国内电影和电视剧的制作为例，一部优秀的影视作品的投入一般上千万元乃至上亿元左右。三是高利润性。广播影视产业所具有的强大的节目内容资源和传播优势，使其具有巨大的发展空间和商业价值，根据国家广电总局统计的相关数据显示，2022年全国广播电视行业总收入达到了12 419亿元。其中，广告收入、互联网视听节目服务收入、有线电视网络收入、广播电视节目销售收入均有较大提升，随着数字技术的高速发展和人们对于休闲娱乐生活的追求，广播影视发展潜力无限。

二、广播影视业的构成

广播影视业是一个庞大的社会系统工程。系统内，广播影视业是一条长长的产业链；系统外，影视产业又与多种相关行业辐射交融，犹如"宇宙行星"模式一样有多种可开发性。同时，影视产业又受到社会环境、政治经济、科技进步、人文等诸多因素的影响和制约，每种因素都会深深影响并制约着广播影视产业的总体进程和发展方向。这就要求广播影视业必须有系统内和系统外两种机制的良好配合，并达到优化耦合，只有这样才能使影视产业步入良性循环的轨道。

从系统内看，广播影视业的结构为一条长长的产业链，业务主要围绕广播影视产品的制作—发行—放映展开。从节目形成开始的融资、策划到资金回收的完成，大致可分为五个阶段：第一阶段，融资、策划阶段；第二阶段，生产制作阶段；第三阶段，发行和集中进行市场营销阶段；第四阶段，放映阶段；第五阶段，回收资金并进行广播影视后产品开发阶段。广播影视产业链的构成如图 7-1 所示。

```
第一阶段
融资、策划
   ↓
第二阶段
生产制作
   ↓
第三阶段
发行和集中进行市场营销
   ↓
第四阶段
放映
   ↓
第五阶段
回收资金并进行广播影视后产品开发
```

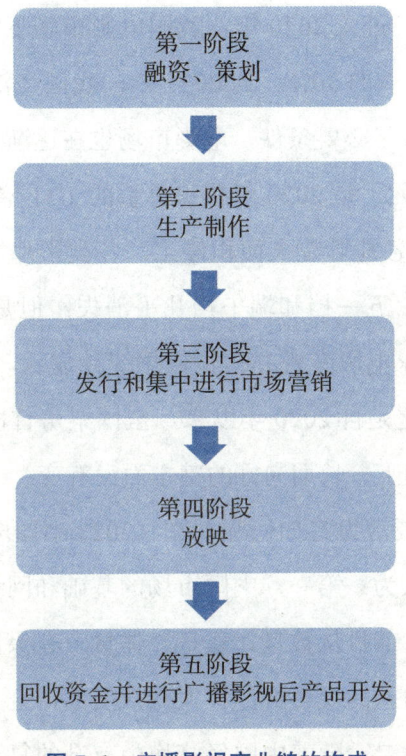

图 7-1　广播影视产业链的构成

三、广播影视业的现状

近年来，我国电影、电视节目、综艺节目、纪录片、动画等产量保持快速增长，无论是产量、规模，还是经营效益都得到了显著的提升。广播影视业的发展模式也从追求数量和规模的增长向注重质量和内容提高的转变。

节目内容不断创新，不断深化，不同题材类型的优秀电视节目走入人们的生活中，一方面，借助"庆祝中华人民共和国成立七十年""庆祝建党百年""脱贫攻坚"等重大宣传时间节点，推出一大批引领风气之先的精品力作，如《觉醒年代》《跨过鸭绿江》《大浪淘沙》等革命历史剧均发人奋进、震撼人心；另一方面，为满足年轻观众群体的喜爱，针对分众化的电视剧市场，生产投放古装剧、青春剧、悬疑剧、都市剧等各种类型化作品，其中不少优秀的作品各领风骚，如《陈情令》《理想之城》《叛逆者》《人世间》等，从传统题材到现实题材，从商业题材到主旋律题材，很多现实题材的作品较为自然地将社会主义核心价值观巧妙融入，书写了平凡生活的感人和美好。

从电影产业来看，目前基本上形成了主旋律突出、类型多样、题材均衡的创作播映格局。但是值得注意的是，进入2020年，我国电影市场下滑严重，票房收入仅为203亿元，不到2019年票房收入的30%。到2021年，我国经济率先发力回暖，加上常态化管理，为电影业复工创造了必要条件，电影市场也在逐渐走出低迷。数据显示，2021年我国总票房达472.58亿元，是2020年票房总量的2.31倍，为2019年票房的74%。但进入2022年3月，全国各地影院大面积停工，各类影片纷纷撤档，上半年上映的影片数量仅147部，清明档、五一档和端午档几乎消失。但是，2023年开始，中国电影市场开始全面复苏，据国家电影专资办初步数据统计显示，截至2023年11月13日，年度票房突破500亿元。这是自2020年以来，全国票房首次重返500亿元高位，表明中国电影恢复发展、稳中向上、长期向好的基本面没有变。

中国电影市场未来发展潜力将如何呢？在《2023中国电影产业研究报告中》，北京电影学院客座教授刘嘉认为：第一，中国市场的基础和网络是优质的，市场潜力和观众需求非常旺盛。只要影片节目从数量、质量、体量上有保证，刺激销售、引领消费就在情理之中。应进一步吸引新的观影群，扩大观众层面，全力恢复做好周末档，使更多有实力影片定档在周末。第二，随着中国经济稳中有升的复苏，中国电影将继续享有中国经济发展的红利，走上稳定的复苏之路。

从动漫产业的发展历程（图7-2）来看，随着2017年2月文化部颁布《文化部关于"十三五"时期文化发展改革规划》，明确扶持动漫产业，国务院及文化部出台多项政策鼓励支持发展动漫产业，我国动漫产业发展势头迅猛，产值从"十五"期末不足100亿元，到2014年超过1 000亿元；2017年动漫产业总规模更是突破1 500亿元。动漫产业总产值在不断攀升，原创能力不断增强，产品数量大幅增长，质量不断提高，出现了《喜羊羊与灰太狼》《熊出没》等一批具有影响力的动画片；国产动画电影票房纪录连续破亿，近年来，电影《哪吒之魔童降世》和《姜子牙》则更是夺得总计66.37亿元票房的好成绩，在目前国产动画片蓬勃发展的背后，也有业内人士表示"90%以上的动画公司都不盈利"。国产动漫在日益崛起的同时，也应该看到其目前面临的困境，

国产动画片普遍存在低龄化的创作倾向,市面上受孩子喜欢、家长肯定的高质量作品不多,并且在作品创作及衍生品的开发上不仅创意不够,规模也欠缺,这些都在一定程度上造成了家长不愿意为国产动画买单的现状。

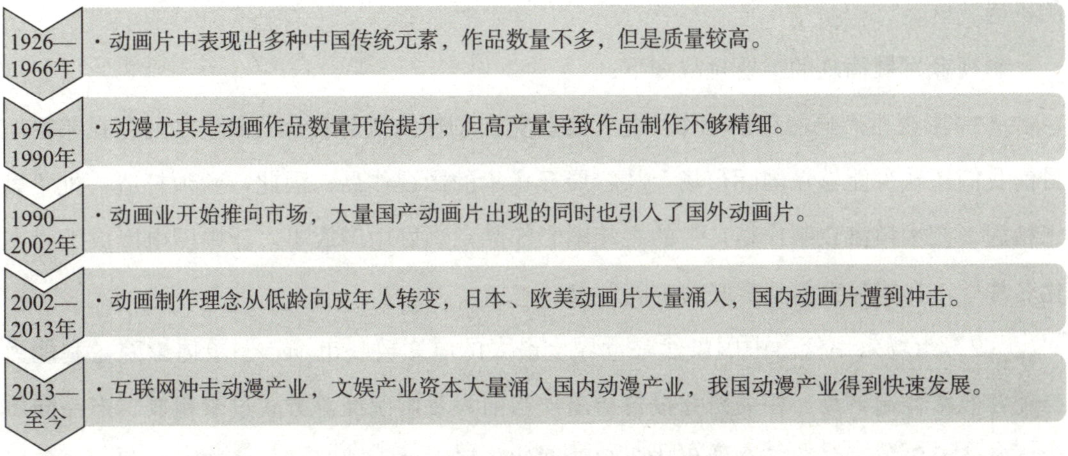

1926—1966年	·动画片中表现出多种中国传统元素,作品数量不多,但是质量较高。
1976—1990年	·动漫尤其是动画作品数量开始提升,但高产量导致作品制作不够精细。
1990—2002年	·动画业开始推向市场,大量国产动画片出现的同时也引入了国外动画片。
2002—2013年	·动画制作理念从低龄向成年人转变,日本、欧美动画片大量涌入,国内动画片遭到冲击。
2013—至今	·互联网冲击动漫产业,文娱产业资本大量涌入国内动漫产业,我国动漫产业得到快速发展。

图 7-2 中国动漫产业的发展历程

纪录片是以真实生活为创作素材,以真人真事为表现对象,并对其进行艺术的加工与展现的,以展现真实为本质,并用真实引发人们思考的电影或电视艺术形式。真实是纪录片的核心。纵览改革开放 40 年来的壮阔历程,纪录片一直在发挥重要的社会文化功能,从《话说长江》到《望长城》,纪录片在展现国家形象、促进民族大团结及增强文化自信方面发挥重要的作用。作为当下中国的主流文化形式,党的十八大以来,纪录片创作领域越加广泛、题材更加丰富,一批文化题材的纪录片主动从优秀传统文化中汲取营养,积极回应新时代人民群众对文化的需求,从《奋斗时代》《河西走廊》《如果国宝会说话》《舌尖上的中国》,到《玄奘之路》《我在故宫修文物》《极地》《美丽中国》等,实现了流量与口碑双丰收。党中央强调,要把优秀传统文化的精神标识提炼出来、展示出来,把优秀传统文化中具有当代价值、世界意义的文化精髓提炼出来、展示出来。作为传统文化在传承和发展中所借用的主要媒介手段,在积极推进"文化强国"的当下,借文化题材纪录片讲好中国故事,带领观众领略更多优秀传统文化之美,是推动传统文化在当代复兴的重要途径。

四、广播影视业发展面临的机遇和挑战

我国是人口大国,影视消费市场巨大。从政策上看,2019 年中央全面深化改革委员会发布《关于深化影视业综合改革促进我国影视业健康发展的意见》,提出从完善创

作生产引导机制、规范影视企业经营行为、健全影视评价体系、发挥各类市场主体作用、加强行业管理执法、加强人才队伍建设等方面统筹推进改革。各地也不断出台促进影视业发展的利好政策，这不仅有助于增强行业发展的信心，也为行业的大发展提供新的机遇。

影视业发展面临的主要挑战如下：

（1）影视生产仍然存在小作坊化、经验化，创作质量与观众的需求之间存在差距。目前我们还缺少能够在国际市场上从容展开竞争的影视作品，因此，亟须打造一批"思想精深、艺术精湛、制作精良"的主流电影作品，讲好中国故事，让中国电影成为"文化名片"，在国际上树立良好的中国形象。

（2）市场效率低。中国虽然是世界上最大的电影放映市场，但单体影院盈利能力与经营效率普遍不高。相关研究报告指出，当前大量影院经营方式过于粗放、产品同质化、经营手段单一，缺乏个性化特色和精准的市场定位。同时，市场实际承载能力的提升与市场容量的扩大未能同步，影院上座率长期徘徊在15%左右，大量放映时段闲置。

（3）电影人才储备不足。中国电影产业飞速发展的同时，人才缺失的问题也日益严峻，包括导演、编剧在内，国内在电影产业链各方面还需要大量人才。因此，对于电影产业的发展来说，未来还需要在电影人才的培养上加大力度，不断创新人才培养机制，多管齐下填补影视人才鸿沟。

【课堂思考】

调研你所在学校不同专业的学生每月观看电影的次数及喜好的类型，了解并分析你所在城市中小学生观看电影的频次及观影方式。

单元二　影视作品营销
——以电影《长津湖》为例

电影产业在近年来呈现出爆发式的增长，国产影视业也涌现出大批的制作精良的电影，献礼片取得骄人成绩，涌现了《建国大业》《我和我的祖国》《建党大业》《我和我的父辈》等主旋律电影，这也证明了我国电影行业发展进入了快车道，从 2012 年《让子弹飞》创下 6.7 亿元的商业片票房纪录之后，到《泰囧》票房首次突破十亿元大关，再到 2017 年的《战狼 2》斩获 56.81 亿元票房，国产电影彻底打开市场，在票房上一路追逐，不断突破新高，至《长津湖》则突破 56.95 亿元拿下国内票房冠军，创历史新高。本单元以《长津湖》的成功为例，分析我国国产电影的营销策略。

一、电影《长津湖》基本概况

近年来，中国电影市场类型风格多样，创作质量显著提升，一大批优秀国产主旋律电影不断涌现，赢得观众的喜爱，口碑和票房双丰收，其中《湄公河行动》（2011）、《战狼 2》（2017）、《红海行动》（2018）、《我和我的祖国》（2019）、《中国机长》（2019）、《长津湖》（2021）、《长津湖之水门桥》（2022）等，都给新时期主流电影全新的感官体验。

2021 年 9 月 30 日在全国各大影院上映的影片《长津湖》截至 12 月 15 日票房高达 57 亿元，远超 2017 年上映的《战狼 2》，打破了中国电影的票房纪录，成为我国电影史票房冠军。该片讲述了 1951 年抗美援朝战争中，中国人民志愿军第九兵团在长津湖展开的艰苦卓绝的战役。影片展示了在敌我军事装备悬殊、极为严寒艰苦的作战条件下，中国人民志愿军凭借崇高的信仰、大无畏的革命精神歼灭了美军整个北极熊团，终止了其在圣诞节前攻到鸭绿江边的野心，其宏大的战争画面和感人的叙事情节，巧妙地诠释了伟大的抗美援朝精神，给观众心灵以巨大的震撼，激发了全民爱国热情。随后电影《长津湖之水门桥》票房再次突破 40 亿元，至此，《长津湖》系列电影总票房达 97.79 亿元，累计观影超 2 亿人次。由《长津湖》和《长津湖之水门桥》组成的系列电影刷新中国影史多项纪录，也成为中国电影产业发展历程中具有特殊意义的里程碑。

在《长津湖》系列电影的成功背后可以看到，电影创造不仅在影片取景、道具使用及特技效果等方面倾注了大量心血,其背后也蕴含着许多令人深思的营销策略,正是在这些巧妙策略的推动下,才使《长津湖》系列电影成为国产战争影片的新标杆与新突破。

二、电影《长津湖》的营销策略

(一)影片定位准确,叙事手法创新

《长津湖》系列电影取得巨大成功的原因之一,便是电影在初创阶段就有着明确的定位,使其在数量众多战争类题材的主旋律电影中脱颖而出,创造"票房奇迹"。《长津湖》紧扣建党百年主题,以抗美援朝历史中的一个片段为基点,突破了以往主旋律电影聚焦土地革命、抗日战争、解放战争等重大革命历史节点事件的叙事策略,采用微观的叙事手法和平民化的视角,在战役的惨烈和悲壮的主线之外,更有大量动人、有趣且充满温情的生活细节,例如,开头便以伍家三兄弟的故事为由头,通过伍千里接过已经牺牲的长兄伍百里的骨灰回家乡,伍千里反复劝退一心想入伍当兵的弟弟伍万里;伍千里离家时背后爸妈不舍的眼神,透露出背后至深的亲情;电影中"冰雕连"将士们的悲壮躯体等场景,这些细腻的表达和呈现等,传递出的是小人物在大叙事下的"牺牲",彰显出巨大的正能量。另外,《长津湖》还突破了以往战争题材中,对敌军俯视,对我军仰视的创作倾向,而是用理性和客观的平视视角去再现长津湖战役,既没有贬低丑化美方也没有渲染美化中方,对普通士兵的行为也都进行了真实细致地刻画。将宏大的抗美援朝之长津湖战役进行了真实的还原,让伟大的历史事件重新在荧幕上得到了再演绎。

(二)上映时间恰到好处

《长津湖》电影上映的大时代背景即2021年,是中国共产党成立100周年,这是一个重要的历史节点,在某种程度上,可以大大地提升观众的共鸣及共情心理。影片上映的具体时间选在2021年9月30日即国庆节前夕(图7-3),进一步加强了与观众情感上的黏合性,影片上映之初便呈现出"票房增长快,影视评价好"的局面。在坚持主流价值观导向和遵循抗美援朝历史事实的前提下,观看战争片《长津湖》相对于其他类型的电影作品更能在情感上和观众形成勾连,在观看影片的过程中体会到抗美援朝战争胜利的背后是党和国家引导英雄战士的英勇行为,从情感上更加深刻体会到党和国家发展的艰辛历程,很容易唤起广大中华儿女的爱国之情。

图 7-3　《长津湖》宣传剧照

（三）媒体营销 + 话题营销

在网络技术不断完善与自媒体发展的共同作用下，信息的产生与传播速度有了大幅度的提高，除传统主流媒体外，网络舆情的多样性也在不断提高。《长津湖》票房大卖很大程度上得益于上映阶段，充分借助多种媒体的作用，将其牢牢地锁定于公众的视野之中，为其票房的热卖打下了坚实的市场基础。

1. 主流媒体强势造势

电影是一种产业，影片是带有商业色彩的文化产品，随着中国电影产业近年的快速发展，观众在观影上的选择从来没有像现在多样，但是选择多了也让人茫然，因此，为了让优秀的主旋律电影被观众知晓，去感染和鼓舞更多的受众，主流媒体就需要对优秀作品进行宣传和推介，吸引更多的观众去观影，《长津湖》系列票房大卖很大程度上得益于媒体的宣传推广。如在 2021 年 10 月 7 日、10 月 9 日、11 月 22 日、11 月 25 日，央视《新闻联播》短时间内四次报道《长津湖》，如此造势力度是少有的。新华社、《人民日报》和地方媒体的报道也是不遗余力，各种传播手段应有尽有。如新华社报道："从抗美援朝的战火硝烟中走来，伟大的精神穿越时空，照耀中华民族前进的征途。"又如《人民日报》报道："演员演活了历史角色，更演绎出中华民族的精神气魄，……英雄永远是民族最闪亮的坐标。"权威媒体这样一锤定音的褒扬，对还没有看过的观众，自然有着很强的吸引力。

2. 新媒体营销互动

除传统的媒体外，《长津湖》还充分利用微博、抖音等社交平台展开话题的运营。

微博作为最受年轻人欢迎的社交平台之一，在电影营销过程中，也顺理成章成为宣传推广主阵地，并发挥着至关重要的作用。《长津湖》开机发布会的2020年10月25日当天，就开通了"电影长津湖"微博，后来有粉丝33万，经常一天多次更新，与粉丝互动及时，有的内容转发量达100万+，凭借着一个接一个微博热搜，影片从映前到映中始终保持着很高的讨论热度，对势不可挡的票房走势起到了助推作用。《长津湖》还专门开通了"长津湖"抖音账号（后更名为"长津湖之水门桥"），发布了大量短视频，或有让人激动的震撼，或有让人会心的趣味。影片上映期间，官方抖音账号粉丝量达264万，三支抖音视频单条播放量破亿，"长津湖"话题播放量超112.5亿次。这样强大的传播力，对电影的推广力度可想而知。

3. 制作与影片相关的热点

《长津湖》的宣传报道过程中并不是紧紧围绕影片本身展开，而是开阔思路，放开视野到电影之外，关注与之相关的背景、故事及话题等，并一轮轮制造热点。如《长津湖》系列上映期间，各种主流媒体采访报道了一大批亲历长津湖战役的老兵，老兵们的故事真情真意，让人热泪盈眶，特别值得注意的是，很多年迈的志愿军老兵主动要求家人带其去观看此电影，媒体对此的相关的报道也引发了众多民众的情感共鸣，极大调动了观众的观影热情。

三、电影《长津湖》营销启示

（一）颂时代精神，展国家形象

改革开放以来，我国经济得到了快速的发展，科技、卫生、军事、外交等事业取得了举世瞩目的成就，国际形象有了翻天覆地的变化，但是世界各国对中国的了解与中国实际发展状况是不对称的，加上国际上一些反华势力对我们的黑化，我国作为一个文化大国的形象并没有树立起来。

因此，新时期，我们"要注重塑造我国的国家形象，重点展示中国历史底蕴深厚、各民族多元一体、文化多样和谐的文明大国形象，政治清明、经济发展、文化繁荣、社会稳定、人民团结、山河秀美的东方大国形象，坚持和平发展、促进共同发展、维护国际公平正义、为人类做出贡献的负责任大国形象，对外更加开放、更加具有亲和力、充满希望、充满活力的社会主义大国形象"。

电影《长津湖》不仅以诗意的形式生动地展示了中国人骨子里的故土情结、对壮美山河的爱恋及忠于家园的生存观，而且自始至终无不闪烁着伟大的爱国主义精神。中国军人是国家形象的代表，影片塑造了数不胜数的、气壮山河的中国铁血军人形象，造就了不朽的精神丰碑，如撼人心魄的冰雕连的故事，战士们的身体被冻成了冰雕，即使最终是没有呼吸的遗体，也让落荒而逃的美军毛骨悚然、心生敬畏。"冰雕连"已然是一座不朽的精神丰碑，被载入军史、民族史。中国军人用他们的钢铁意志、勇猛无畏的气概、坚定的爱国信仰捍卫了国家与人民的利益。

电影《长津湖》还处处透露出中华民族对生命的尊重和对和平的珍爱。中华民族在历史的演进中，饱经战争的蹂躏和摧残，比世界上任何一个民族都懂得战争的残酷性，比世界上任何一个民族都渴望来之不易的和平。新中国刚刚成立，百废待兴的中华民族刚从长久的战乱中得到一丝喘息，美国却武装干涉朝鲜内政，越过三八线，向中国边境咄咄逼近，朝鲜战争是中国人民保家卫国的正义之战，正如毛主席在商讨战事的会议上说："打得一拳开，免得百拳来！"正是中国军人的浴血奋战，保卫了中国人民的和平生活，对维护亚洲与世界和平做出了巨大贡献。因此，影片不仅传递出中国人民志愿军崇高的信仰和大无畏的牺牲精神，也让外国人更好地了解真实的中国人民，让世界看到一个真实的、崭新的中国形象。

（二）新媒体时代的营销胜利

在《长津湖》电影的传播环节中，陈凯歌团队牢牢抓住了新媒体时代舆论传播速度快、传播范围广、受众面大的特点，充分利用微信、微博等新媒体平台的辐射效应，将《长津湖》在公映前和公映阶段始终保持在公众的聚光灯下。

（1）电影上映之前就十分注重热度的打造。影片于2021年9月1日官宣定档，国庆之后便展开长时间和高频率的物料输出，从9月1日官宣之后便先行发布主题曲《最可爱的人》，通过老歌新唱的方式唤起观众对电影的关注。而后借助各大主流平台的热度投放电影预告片、导演特辑和制作花絮等，将电影中枪林弹雨的精彩战斗片段和气势磅礴的场景构建，以及主演的精彩演技片段密集输出，使观众对于电影形成高期待、高关注。

（2）在电影上映初期，电影主创导演、编剧和主演等团队也利用自身热度为电影票房摇旗助威，积极在各大平台和网友进行互动，实现多方位的宣传模式，加强了电影获取更广泛的互动热度，建立起了一般受众和电影之间的情感联系。

（3）电影上映中后期注重情怀引发观众共鸣。该片利用影片放映前期打造的良性口碑，将爱国情感形成"长津湖效应"，如各级学校集体组织师生观影，线下组织学生到烈士陵园吊唁；线上注重制造与影片相关的新闻点，如在电影上映期间，不断有关于"吃冻土豆"的话题，迅速在各类媒体传播，这样的传播更能春风化雨般打动观众，引发更多观众参与到电影的观赏活动中。

【课堂思考】

想一想： 长津湖的胜利是在超出人类生存极限的恶劣天气、缺乏后期保障、武器落后的悬殊条件下取得的。惨烈的牺牲也因为它的崇高和艰难而让后人肃然起敬，英雄们用自己的血肉捍卫了祖国领土的完整。此片带给你哪些启示？请谈谈你的观影心得。

单元三　纪录片的营销

——以《我在故宫修文物》为例

2022年，在党的《"十四五"文化发展规划》中，将扶持新时代纪录片创作传播写入其中；同年，《关于推动新时代纪录片高质量发展的意见》出台，进一步明确了以"高质量"作为纪录片发展的目标要求，为中国纪录片未来一段时期的发展指明了具体方向。在国家政策的指引与激励下，中国纪录片坚持以人民为中心的创作导向，题材类型更具多元特色，影像风格丰富多样，艺术水准不断提升，精品力作不断涌现，为新时代中国特色社会主义建设的伟大事业营造了良好氛围、注入了强大的精神动力，体现了中国纪录片进入高质量拓展深化发展的阶段。本单元以纪录片《我在故宫修文物》为例，分析我国纪录片在当下的发展态势和营销策略。

一、纪录片《我在故宫修文物》基本概况

纪录片，尤其是我国的纪录片在国内乃至国际市场的表现一直欠佳，一直以来都是电影市场的冷门类型影片，大部分国产纪录片在电影院都少有人问津，无法摆脱"小圈好口碑、大型影节拿奖、大荧幕遇冷"的命运。像《舌尖上的中国》这样叫好又叫座的纪录片近年来少之又少。然而，2016年一部在中央九套首播的三集纪录片《我在故宫修文物》却横空出世，席卷了大家的朋友圈，成为继《舌尖上的中国》之后，又一部"现象级"的纪录片佳作。《我在故宫修文物》是由叶君、萧寒指导，为庆祝故宫博物院建院90周年而拍摄的文博类纪录片。影片重点描绘故宫书画、青铜器、宫廷钟表等珍贵文物的修复过程及修复者们的日常生活，该片总投资150万元，摄制团队7人，摄像机仅两台，总体而言不是一部大成本制作的纪录片。该片起初在电视平台播出后，观众反响平平。随后在哔哩哔哩网站播出，受到了广大年轻受众的关注和喜爱，几天内在新媒体平台的播放量就达到了几百万，豆瓣评分一度达到9.5分。与此同时，片中的王津师傅等众故宫文物修复师甚至一时成为拥有众多粉丝追捧的新一代"网红"，故宫博物院的文物修复岗位也因此受到了众多年轻人的追捧，"据悉，截至2016年12月，共有2万人报名故宫博物院文物修复的实习工作，其中大多数是'90后'的年轻人"。在新媒体的影响还在持续上升的过程中，导演萧寒与哔哩哔哩网站合作共同推出了《我在故宫修文物》的大电影，于2016年12月上映，也获得了较好的票房成绩和评价。

二、纪录片《我在故宫修文物》的营销策略

（一）致匠心的平民化叙事策略

《我在故宫修文物》的成功离不开纪录片本身内容的独特性，工匠精神和平民化的叙事是该片最显著的两个特点。《我在故宫修文物》切合了"工匠精神"的时代发展主题（图7-4），"工匠精神"在2016年国家政治话语中占有重要地位。该片中的故宫文物修复师傅们，几十年如一日，择一事，终一生的大国工匠精神往往能深刻地感染观众，而这一精神也正是时代所倡导的，情感上的共鸣及时代背景的推波助澜，是该片迅速走红的原因之一，因此，它成为主流宣传诉诸文艺创作的成功典范。

图 7-4 《我在故宫修文物》纪录片海报

平民化的叙事是该片的另一大特色，以往的故宫纪录片所表达的都是一些宏大的主题，而《我在故宫修文物》中采用了生活化的平民视角，展示的是中国顶级文物修复师们的日常工作，片中陶瓷组修复师纪东歌在太和殿广场骑自行车，青铜器修复师王有亮骑着电动车到故宫外抽烟，众人在故宫院子里喂猫、打杏子、种花草。这些小片段穿插在文物修复的故事之中，给观众带来了纯净质朴的生活气息，与故宫本身的庄严肃穆、文物的厚重形成了一种奇妙的反差。这种对人物和生活细节的细致刻画，充满了生活情趣，彰显了浓浓的人文情怀，拉近了与受众的距离，使作品具有很强的观赏性。

（二）传统媒体与新媒体交叉互动助推文化传播

纪录片《我在故宫修文物》首次在中央电视台九套播出后，一开始并没有受到公众广泛关注，但是优质的内容离不开传统媒体的助力，特别是纪录片的播放，电视媒体作为目前的主流阵地其影响力依然不容小觑，尤其是央视这样具有权威和影响力的阵地，它在一定程度上提升了该片的知名度和美誉度，提高了它在观众心目中的地位，为后期的网络广泛传播做了铺垫。

《我在故宫修文物》在央视平台播出一个月后，开始转入互联网，随即而来却好评如潮。截至 2017 年 6 月 20 日，该片在爱奇艺网站上的播放量超过 840 万次，其中移动端占比 73%，在哔哩哔哩弹幕视频网站上的播放量接近 400 万次，弹幕数超过 10 万；在豆瓣电影上，超过 5 万人的评价，该片豆瓣评分高达 9.3 分，与 2012 年《舌尖上的中国》评分相同；另外，其在微博、微信、知乎等社交平台上的话题热度也居高不下。通过在视频网站、社交网站和网络社区上多平台多渠道的互动传播建立起受众与纪录片、受众与受众之间的情感联系，使一大批对"文物修复"感兴趣的人群对纪录片进行关注、讨论、转发，产生聚合效应，最大范围地提高了该片的影响力。

（三）基于年轻受众市场的定位和传播

《我在故宫修文物》的走红离不开年轻受众群体的热捧与推介，《我在故宫修文物》在传播策略上所瞄准的受众主要是"90后""00后"的年青一代。该片网络播放平台主要是弹幕网站哔哩哔哩和爱奇艺视频，这两大平台都以年轻用户为主，他们思维活跃、充满正能量，对优秀的传统文化充满敬意和向往。另外，哔哩哔哩作为弹幕网站具有极强的互动性和舆论辐射效应，他们往往习惯把微博作为分享的第一选择，即便如今更多人已经转战微信朋友圈，哔哩哔哩用户将对于该片的好评延伸到了微博，在新浪微博引起超过700多万次的话题阅读，继而，在贴吧里也形成了话题讨论。此时，经由哔哩哔哩、微博、贴吧等新媒体传播的扩散，这一由"90后"主导的社交媒体讨论和口碑效应，最终使《我在故宫修文物》迅速引起了更为广泛的关注和热议。

三、纪录片《我在故宫修文物》带来的启示

以故宫为题材的纪录片，一直以来不乏佳作，如2005年央视播放的12集大型纪录片《故宫》，以及2012年推出的《故宫100》，都从不同的角度向我们展示了这座古老宫殿磅礴瑰丽的建筑，以及传奇珍贵的文物背后鲜为人知的历史故事，既有宏大叙事也不乏微观视角，但都没有像《我在故宫修文物》一样引起如此的热议和追捧。《我在故宫修文物》的走红有着很多方面的因素：首先是其自身优质的内容。《我在故宫修文物》真实记录了中国最珍贵文物的修复过程，同时，向我们展示了深宫中文物修复师们的日常工作，并传递出工匠精神的理念和人文情怀，既传递出时代精神也弘扬了优秀传统文化，对年轻一代具有非常好的引导作用。其次是它生活化平民化的叙事风格。《我在故宫修文物》既让人感受到了宏伟辉煌的故宫博物院厚重深沉的历史和文化，又巧妙地展示了很多不为人知的珍贵文物，导演将镜头巧妙地对准了宫墙内一群默默无闻的平凡工匠，让我们认识了这样一群之前未曾关注到的低调又伟大的群体——文物修复师，从他们日常生活的视角讲述他们在故宫中修复古文物的故事，从他们朴实无华的谈吐和平易近人的性格中拉近了普通人与昔日帝王宫殿的距离，为这座神秘威严的宫殿添加了温度和情趣，不仅极大满足了受众的猎奇心理，也深深感染和触碰着受众的心灵。最后，利用多种传播渠道强化传播效果。《我在故宫修文物》的成功也让我们看到，媒介融合是

文化产业管理：理论与实践

当今发展的趋势，在纪录片传播中，传播者应充分考虑各媒体的传播优势，多管齐下，拓宽传播渠道，形成媒介联动和多种传播方式相结合的模式，使纪录片可最大程度地进入观众视野。

知识拓展

《我在故宫修文物》这部纪录片是对"工匠精神"的生动诠释。文物修复，是一项十分精细的工作，本来就非常脆弱而又非常珍贵的文物容不得半点闪失。以王津师傅为代表的故宫文物修复师们长年累月，精益求精，从容淡定、执着内敛，"择一事，终一生"，他们坚持不懈地追求，成为新时代工匠精神的生动代言人。另外，让人欣慰的是，在片中我们看到，"匠人精神"是可以培育的，修复师中不都是白发苍苍的老者，也有不少年轻人。他们耐得住寂寞，守得住时光，用不变的匠人精神的内核，在自己的人生道路上逐梦前行。

请结合实际谈一谈，作为当代大学生，我们如何弘扬工匠精神，传承传统文化。

思政园地

我国广播影视业是文化产业的重要组成部分，是党和政府舆论宣传的重要阵地，也是党和政府联系人民群众最广泛最便捷的纽带。加快建设广播影视产业，是建设文化强国、增强文化自信的重要途径。在文化强国的道路上，一方面要进一步增强创作生产力。坚持以人民为中心的创作导向，把创作优秀作品作为中心环节，推出更多无愧于时代、无愧于人民、无愧于民族的精品力作。另一方面也要进一步增强创作生产力。大力实施融合发展战略，全面推动广播影视转型升级。同时，也要增强国际影响力。广播影视是中华文化走出去的重要载体、重要渠道和重要品牌。建设广播影视强国，必须把增强国际影响力作为重中之重，大力实施国际传播战略，抢占国际传播市场，增强国际话语权，在新时代真正实现由广播影视大国向强国迈进的新目标。

模块自测

一、多选题

1. 广播影视业属于文化产业中的视听行业，主要包括（　　）。

　　A. 电影　　　B. 电视　　　C. 广播　　　D. 网络

2. 广播影视产业链阶段包括（　　）。

　　A. 融资　　　B. 生产制作　　　C. 发行　　　D. 放映

　　E. 回收

二、判断题

1. 广播影视产业的收入结构不再以电影票房收入或电视播映收入为主，而是影视产品的后市场开发收入占主导地位。（　　）

2. 独播和付费已经成为优质网络内容的主要盈利形态。（　　）

三、思考题

1. 电影《长津湖》能刷新中国电影多项纪录的成功因素有哪些？

2. 纪录片《我在故宫修文物》的热播带给我们哪些启示？

模块八 文化旅游产业管理

案例导入

一个民俗村 就是一个乡村酒店

北京市密云区依托良好的生态资源和独特的地理、人文优势，打造成为全国乡村旅游发展的标杆区域。2013年以来，密云区政府为了改变原来小、散、低、劣的民俗经营状况，投入大量资金，用于该村环境提升工程，建立村级旅游接待中心、公共卫生间、停车场、中心公园，统一门头牌匾，统一粉刷外立面。按照"一个民俗村就是一个乡村酒店"的发展理念，实行统一化的"酒店式"管理模式，建成村旅游专业合作社，对全村民俗户进行管理，接待标准、服务种类都实行了统一定制，就连民俗接待户的被褥和床单等统一配送、清洗，一天一换。该县为提升民俗旅游的档次级别，还启动了密云乡村旅游星级评定工作，从环境、卫生、美食、住宿、服务5个方面，严格考核，评选星级民俗户。截至目前，共评出四星级民俗户3家，五星级民俗户2家。现在的密云，以其优美的环境、古朴的民居、浓浓的禅意，吸引着越来越多的游客。

案例分析：乡镇农村是中国大力发展重点和国家战略的实施地区之一。在过去的几十年间，我国政府采取了一系列的政策措施来支持乡镇农村地区的经济发展。2021年2月，党的十九届五中全会审议通过了《中共中央关于制定国民经济和社会发展第十四个五年规划和二〇三五年远景目标的建议》，对进入"十四五"规划时期新发展阶段优先发展农业农村、全面推进乡村振兴做出总体部署。随着中国的现代化进程不断推进，乡镇农村地区的经济正在取得显著的成就。密云区乡村旅游市场的发展就是我国大力推进乡村振兴政策背景下的一个缩影。

本模块首先介绍文化旅游产业发展的背景，文化旅游的定义和特征，以及文化旅游资源开发的模式，然后结合国内文旅品牌塑造的典型案例，分析文化旅游产业管理与营销的策略。最后以笔者所在团队参与完成的乡村振兴比赛案例为例，对文旅融合背景下的乡村振兴进行初步探索与实践。

学习目标

知识目标

1. 了解文化旅游产业融合的政策背景；
2. 掌握文化旅游产业的基本内涵；
3. 了解文化旅游产业的发展现状。

能力目标

1. 能够进行乡村旅游目的地开发前资源调研和目标研判；
2. 能够配合乡村旅游目的地开展基本规划工作；
3. 能够开展主要旅游产品的开发。

素养目标

1. 树立"大国三农"情怀和"乡村振兴"担当，坚定"四个自信"；
2. 养成实事求是、团结协作的工作态度；
3. 增强生态、创新、守法意识。

单元一　文化旅游产业发展概述

一、文化旅游产业融合的政策背景

文化因旅游而繁荣，旅游因文化而精彩。文化是旅游的内涵和灵魂，旅游是文化表现的载体，文化和旅游两个产业之间的发展有很大的交汇空间，深化文化与旅游的融合，是文化与旅游产业发展的大趋势。

文化产业管理：理论与实践

2018年3月13日，国务院结构改革方案提请十三届全国人民代表大会第一次会议审议。根据改革方案，中国将组建文化和旅游部，不再保留文化部、国家旅游局。3月17日通过机构改革方案。国务委员王勇表示，组建文化和旅游部，是为了增强和彰显文化自信，统筹文化事业、文化产业发展和旅游资源开发，提高国家文化软实力和中华文化影响力，推动文化事业、文化产业和旅游业融合发展。文化和旅游部的主要职责是贯彻落实党的宣传文化工作方针政策，研究拟订文化和旅游工作政策措施，统筹规划文化事业、文化产业、旅游业发展，深入实施文化惠民工程，组织实施文化资源普查、挖掘和保护工作，维护各类文化市场包括旅游市场秩序，加强对外文化交流，推动中华文化走出去等。

在行政管理体制上将文化主管部门与旅游主管部门进行合并，将原来分属于两个不同部门的资源进行科学整合和有机融合，一方面，能有效消除文化部门和旅游部门长期存在的阻碍，打通文化产业和旅游产业的联结，能更好地落实相关政策措施，进而加强市场监督，维护好文化旅游的市场秩序，促进文化产业和旅游产业的有效协同；另一方面，文化和旅游的融合，使"诗"和"远方"走到一起，两者互相赋能，必将在推进新时代国家文化创新和旅游产业转型升级中发挥重要的作用。

二、文化旅游产业的基本内涵

党中央、国务院高度重视旅游业发展。"十三五"期间，国务院历年政府工作报告都对旅游工作做出安排部署，出台了一系列促进旅游发展的政策文件。2021年国务院发布了《"十四五"旅游业发展规划》（以下简称《规划》），《规划》明确"以文塑旅、以旅彰文，系统观念、筑牢防线，旅游为民、旅游带动，创新驱动、优质发展，生态优先、科学利用"的原则。当下，旅游已经成为小康社会人民美好生活的刚性需求，已经发展成为广受百姓青睐、最有群众基础的朝阳产业和幸福产业。

文化旅游较为普遍的定义是指以人文资源为支撑，在旅游期间进行历史、文化或自然科学的考察交流、学习等活动，因此，文化旅游的实质是文化交流的一种形式，旅游者从中可以获得精神与智力的满足，是一种较高层次的旅游活动，是后现代消费思潮影响下，个人追求精神层面与深层价值的体现。也有人认为文化旅游，是以旅游文化的地域差异性为诱因，以文化的碰撞与互动为过程，以文化的相互融洽为结果的，它具有民族性、艺术性、神秘性、多样性、互动性等特征。文化旅游包括历史遗迹、建筑、民族艺术、宗教等内容。其涵盖性强，几乎可以囊括所有相关的产业。

文化旅游核心在于创意，离开了创意，文化旅游也将会失去生命力。创意产业涉及的领域十分广泛，包括广播、影视、文学艺术、新闻出版、印刷、建筑设计等众多方面。与文化旅游较为密切的创意产业有演艺娱乐、民间工艺品生产销售、会议展览、文化节庆等。这样，文化旅游其实也在创意产业范畴之内。

文化特色是文化旅游目的地吸引力、竞争力和生命力的所在，那么如何进行旅游资源的特色开发？首先，必须深入了解和研究自己的文化，摸清家底。要分门别类，以图片、录音、录影、书籍、杂志等多种形式对于各种物质遗产和非物质遗产进行整理与挖掘，建立完整的文化资源库。其次，必须对文化旅游资源的旅游价值进行评估。文化资源不等于旅游资源。中国是文化大国，各地都有很多地方文化素材。各种遗迹、遗址、传说、风情等数不胜数，但往往缺乏统一规划，呈现出"小、散、虚"的特点。

选择文化旅游资源的开发方式，目前主要有以下5种：

（1）博物馆，是最传统的一种方式，如各地的名人故居博物馆、历史博物馆、一些专题博物馆（如苏东坡纪念馆、杭州南宋官窑博物馆、潍坊风筝博物馆）。

（2）主题园、风情村（镇）和街区，如凤凰、周庄、阳朔西街、西安大唐芙蓉园和不夜城、台湾九族文化村和云南民族文化村、张家界土家风情园等。

（3）表演，如丽江《纳西古乐》、敦煌《又见敦煌》、各地《印象》系列。

（4）嫁接，主要指各地的主题餐厅、主题度假村，如苏州网师园的"古典夜园"、北京"傣家村"餐厅、上海迪士尼、广州长隆旅游度假区等。

（5）节庆，如内蒙古的"那达慕"大会、回族的"古尔邦节"、白族和彝族的"火把节"等，这些节日虽然不会长年存在，但在节庆期间会吸引大量的旅游者。

三、文化旅游产业发展现状

改革开放以来，我国实现了从旅游短缺型国家到旅游供给大国的历史性跨越。特别是随着全面建成小康社会深入推进，城乡居民收入稳步增长，休假制度不断完善，基础设施持续改善等利好因素，文化旅游消费得以空前释放。随着旅游产业的发展，"绿水青山就是金山银山"已经取得了有目共睹的成绩。旅游业在扶贫、教育、就业等领域发挥了重要作用，通过在农家乐、民俗、景区、历史文化街区、美丽乡村建设、在线旅游平台的投资与运营，旅游业有效带动了农民致富和乡村振兴。如今，文旅融合正在由浅层叠加向深度融合迈进，文旅新产品、新业态、新形式不断涌现（图 8-1），主要表现出以下特征。

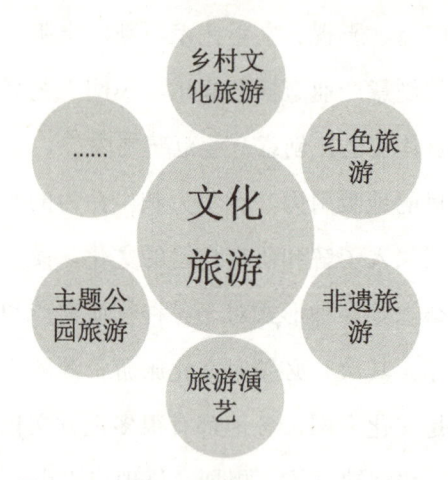

图 8-1 中国文化旅游行业业态市场结构

（文化旅游核心，包含：乡村文化旅游、红色旅游、非遗旅游、旅游演艺、主题公园旅游、……）

（一）文化消费在旅游中的比重增加

文化与旅游的融合促进了更多消费新场景的出现。越来越多地承载着独特地域文化、创意设计、现代运营理念的文化休闲空间显著增加，如剧本杀与景区融合打造的沉浸文旅、艺术融入酒店推出的"可以居住的美术馆"等，增加了人们"出游获得感"，受到游客的青睐。与之相关的是文化消费在旅游中占比的逐步提升。根据中国旅游研究院发布的《2022 年上半年全国文化消费数据报告》，超过 90% 的受访者表示会在旅游中进行文化消费。游客的文化体验内容包括文化场馆参观（29.6%）、打卡文艺小资目的地（46.1%）、看剧观展（47.9%）、演艺/节目（31.1%）、民俗体验（16.1%）等。从消费支出结构看，文化消费在旅游支出中的比重在不断上升。

（二）红色旅游不断升温

近年来，我国红色旅游接待游客人次整体呈上升态势，2019 年超过 14 亿人次，达到 14.1 亿人次。红色旅游在弘扬革命传统、传播红色文化等方面发挥了重要的作用，已成为中国旅游业新的强劲增长点。2020 年，全国全年参与红色旅游的游客仅约 1 亿人。2021 年，是中国共产党建党 100 周年，特别的历史时期给文化和旅游带来了新的发展机遇，各大小长假红色旅游备受追捧。清明节假期，全国各地以"守护·2021 清明祭英烈"为主题，纷纷开展扫墓、祭奠英烈等纪念活动，红色旅游成为多数游客的首选。"五一"期间，红色旅游再次掀起一股热潮，市场人气明显回升。2021 年，中国红色旅游接待游客人次约为 1.13 亿。红色旅游是传承红色基因、传播红色文化的重要方式，伴随着人民文化素质的不断提高和相关项目建设的不断推进，红色旅游的市场规模也将日益扩大。

（三）沉浸式文旅和数字文旅将成为中国文旅发展新业态

目前，沉浸式文旅和数字文旅正成为文旅发展新业态。文旅行业正在逐步从新奇转为体验，沉浸式旅游景点不断升温，包括沉浸式主题公园，如长隆集团、迪士尼景区；沉浸式景区，如浙江建德推出的大型"沉浸式"实景演出《江清月近人》；沉浸式文旅综合体，主要面对"90后""00后"年轻消费者及以家庭为单位的客群，如上海惊魂密境等。数字文旅则是以网络为载体，以大数据和数字技术和信息通信技术与文旅业的深度融合而形成的新产业形态。如融合应用 AR、VR 等新技术、沉浸式游玩景区，游客只要通过手机，扫一扫获取语音讲解、视频介绍、购物链接等，即可了解景区路线、景点信息、商品详情，实现"导游、导览、导航、导购"一体化的多功能综合应用。

（四）文旅 + 乡村 推动乡村振兴

2011 年至 2019 年，我国休闲农业和乡村旅游接待人数稳步增长。但自 2020 年起受疫情影响，休闲农业和乡村旅游接待人数出现下滑。随着生产生活秩序逐步恢复，城乡居民被抑制的需求将持续释放，山清水秀、生态优美的乡村比以往任何时候都更具吸引力。2021 年，全国乡村旅游接待总人次超过 20 亿人次。随着疫情的结束，未来乡村文旅行业将逐步恢复。根据我国农业农村部颁布的《关于拓展农业多种功能 促进乡村产业高质量发展的指导意见》来看，到 2025 年，我国乡村休闲旅游年接待游客将超 40 亿人次，年营业收入将达到 1.2 万亿元。

视频：文化旅游产业发展概述

知识拓展

河南省围绕中华文化传承创新中心、世界文化旅游胜地两大战略定位，大力打造"行走河南 读懂中国"文旅品牌。2021 年 6 月开城的"只有河南·戏剧幻城"，是目前国内规模最大、演出时间最长的戏剧聚落群，以传承演绎黄河文化为主基调，21 个剧场变换不同形式讲述黄河故事，不到一年的时间便成为知名的网红文旅打卡地。

河南广电唐宫文创集团，倡导"IP+文化+科技"，运营的唐宫夜宴、洛神水赋、龙门金刚三大IP，全部入选中国十大IP，文创营收突破6 000万元，利润1 000多万元。河南省在推广当地文化和旅游过程中的这些举措，带给我们哪些启示？

单元二　地方特色文化在古镇旅游中的开发与利用
——以乌镇文化旅游产业为例

改革开放以来，随着经济的快速发展，人们生活水平的提高，人们对旅游的需求也在增加。同时，旅游业的发展也开始呈现欣欣向荣的景象，不同类型的旅游资源被开发出来以满足人们的需求。自20世纪80年代末开始，平遥、丽江、周庄、凤凰等古镇旅游崛起，发展至今，中国的历史古镇旅游已经成为各地竞相开发的旅游产品，承载着带动一方经济的使命。但是在古镇旅游快速发展的背后也产生了诸多问题，如过度商业化导致古镇灵韵不在；产品同质化导致区域内恶性竞争；过度开发破坏古镇文化资源等。江南水乡古镇——乌镇在旅游开发上走出了一条创新的路径，实现了古镇旅游的提升和转型，其合理的发展模式被联合国称为"天人合一"的"乌镇模式"。本单元将以乌镇为例，系统分析乌镇的旅游发展模式，为其他古镇的合理开发、发展模式创新和可持续发展提供借鉴。

一、乌镇旅游开发概况

乌镇地处浙江省嘉兴桐乡市北端，西临湖州市南浔区，有着1 300多年的建镇史。悠久的历史孕育了绚烂的历史文化和众多人文古迹，目前乌镇拥有全国重点文物保护单位2处，市县级文物保护单位11处；乌镇的人文资源也十分丰富，从宋代到清代乌镇出过169位举人、64位进士；另外，乌镇还有30多项民俗、技艺等项目分别被列入包括国家、省、市三级的非物质文化遗产名录。自建镇以来，一直保持着江南水乡原有的生活方式，家家临水，户户枕河，保留着大批明清时代特色的江南水乡建筑

（图 8-2）。经过十多年的旅游开发和运营，乌镇从一个几近衰败的古镇，发展成为享誉国内外的风情旅游名镇，创造了中国旅游的奇迹。其对古镇保护开发的管理理念，被联合国专家考察小组誉为古镇保护之"乌镇模式"。

图 8-2　乌镇（章凤奇摄）

二、乌镇文化旅游经营模式

（一）修旧如旧，重现水乡历史面貌

千年古镇经历了年代更迭、延续演变，而这个正在动态演进之中的古镇，必然会新旧更替、百纳交织。这样的"残缺之美"如果原封不动地"保护"下来，既不合理也不可能，所以，古镇保护必须要有适当的整治。对此，乌镇对古镇的保护和开发做了很多有效探索，将先进的管理理念践行于古镇的保护中，积累了成功的经验。如管线地埋，还原古镇本来的历史面貌；把 20 多万平方米老房子的居民全部迁出，对房子进行修旧如旧，恢复原貌；拆除必须拆除的不协调建筑；用旧材料和传统工艺修缮破损的老街、旧屋、河岸、桥梁等；对历史街区内成片的残缺空白处，按旧制用旧料补建旧建筑，以连缀整体等。古镇的保护讲究"原汁原味"，做到"修旧如旧，以存其真"，保持乌镇的原生态与古色古香，凸显乌镇特色，因此，许多游客对乌镇的第一印象是"这里水乡的韵味非常浓厚"。

（二）适度开发避免过度商业化

不少游客来过乌镇的曾说：乌镇不像其他一些古镇那样店铺林立，商业味过于浓厚。因为过度商业化会破坏古镇的原真氛围。乌镇就是在保护的前提下，适度进行了开发，避免过度商业化。在大规模开发前，乌镇把原住居民整体搬出，妥善安置，然后把原来的镇子修旧如旧，一户户民居变成了民宿、商店、酒吧等经营性场所。乌镇的每个景点、住户、酒店和商业，都是独立的度假产品，遵循着"一店一品"的原则，由旅游公司统一实行标准化管理，避免了无序竞争。同时，在不影响古镇风貌的前提下，管理者新建旅游商品交易区，无偿提供给老街居民设摊。这些措施在最大程度上避免了历史街区保护后商铺林立、千店一面的尴尬局面。

（三）恢复传统文化，将文化与旅游相结合

乌镇自身具有悠久的文化历史，至今还保留着丰富的文化痕迹，这是乌镇旅游经济发展的核心动力。从乌镇开发的第一天起始终把保护、挖掘、恢复、传承、演绎传统文化作为"历史遗产保护和再利用"的一件要务来抓。主要表现在以下几个方面：

（1）做足"文化名人"文章。乌镇注重挖掘文化名人，以文化名人为核心积极修建故居和纪念馆。乌镇是茅盾的故乡，现有茅盾故居、立志书院、林家铺子等体现茅盾早期生活的重要景点。为扩大影响，管委会还争取了中国最高文学奖茅盾文学奖第五届、第六届、第七届在乌镇颁发，由此提升了乌镇的知名度。乌镇还是画家、文学家、诗人木心的故里。因"文革"之后木心旅居美国，在台湾和纽约华人艺术圈极负盛名。乌镇对建筑文化的保护和对民俗特色的还原，吸引了游子木心。2006年木心回到乌镇，2015年11月乌镇木心美术馆开馆并正式对外开放。木心美术馆由贝聿铭弟子、纽约OLI事务所冈本博、林兵设计督造，全程历时四年。全馆建筑坐北朝南，以修长的、高度现代的极简造型，跨越乌镇元宝湖水面，与水中倒影相伴随，成为乌镇西栅一道宁静而清俊的风景线。如果矛盾故居是乌镇传统文化的代表，那么木心美术馆就是乌镇最时尚的选择。

（2）努力弘扬乌镇民间的传统文化。一方面有意识的保护与倡导一些健康的民间传统节庆活动。如恢复了每年一次的农村狂欢节——"香市"，同时，还有童玩节、春节长街宴等，并重现水龙会、水乡婚礼等传统节俗，将欢快喜庆的民俗文化回归乌镇。另一方面将传统文化进行浸入式情景再现。行走在乌镇景区，不仅可以吃到许多当地独

有的民间特色小吃如定胜糕、臭豆腐干及熏青豆等，而且在小吃店里，游客还可以看到这些传统美食的制作过程，看到酒的发酵、烘烤，它们被打造成了景区内的一个极富烟火气的景点。同样，酱园、草本木色染坊、三白酒坊等传统作坊工艺也把明清时代的生活场景呈现在游客面前。另外，还有水上社戏、花鼓戏、皮影戏、露天电影等各种传统艺术展演。这些既还原了传统生活情景，也能够让外地游客沉浸式体验乌镇的传统文化，不仅让乌镇文化更好地展现在世人面前，也使乌镇更好地传递千百年遗留下来的"中华文脉"。

（四）旅游与媒体结合

文化产业各部分之间具有很大的跨界融合性，媒体的发展又促进了旅游业、演艺业和广告业等的进步。在乌镇的开发过程中，通过媒体，打造形象、创建品牌，不仅传播了乌镇文化，同时获得了良好的经济效益。乌镇在推广初期，赞助拍摄了电视剧《似水年华》，剧中展示了一个"远离世俗纷扰""世外桃源"般的乌镇，该剧播出后获得了较高的收视率。为此，乌镇在开发过程中还将电视剧中的一个场景专设了一个旅游景点供游客参观体验，使乌镇及《似水年华》在宣传上相互受益，大大提升了宣传效果。剧中主角刘若英也因此剧与乌镇结缘，成为乌镇的形象代言人。那句经典的广告语"来过，未曾离开"成了此后多年，许多人对乌镇的注解之一。在这之后，由于乌镇原汁原味的历史街区和生活场景，成为明代、清朝及民国时期的历史题材和近代题材影视剧拍摄的取景胜地，如《一江春水向东流》《早春二月》《再生缘》《小城之春》《天下粮仓》等作品均曾在这里借景或取材。乌镇还曾成为湖南电视台《我是冠军》的第二站驻地，这些电视、娱乐及广告等都会无形中唤起人们对乌镇的认同感，使乌镇的形象深入人心。

乌镇文化旅游型特色小镇是依托地方历史文化遗产发展的小镇，在开发中地方特色文化对其发展起到了决定性的作用。但是乌镇始终坚持在尊重历史、尊重文化的前提下，把保护放在第一位，本着"修旧如旧"的原则，实现了乌镇特色空间的塑造；在产业上，对标国际一流，将旅游观光、休闲度假与文化地标相结合，在发展文化旅游的同时，利用媒体、互联网等传播方式创建品牌形象，多平台营销和宣传，推动产业的创新转型，最终实现了从观光小镇到度假小镇再到文化小镇的转型重构。

文化产业管理：理论与实践

知识拓展

乌镇历史源远流长，六千多年前，祖先就在这里繁衍生息。这座小镇曾走出了茅盾、木心等文化名人。早在1991年它就被评为省级历史文化名镇。但历史也有沉重的一面，画家陈丹青这样回忆1995年的乌镇："几户老人听评弹、打牌，河边的衰墙下垃圾成堆，以及鸟笼子和家家的马桶，年轻人走光了，那种没落颓废，味道是极好了。我是江南人，走走看看，绝对怀自己的旧。可是乌镇完全被世界遗忘，像一个炊烟缭绕，鸡鸣水流的地狱。"1999年的一场大火将西栅沿河的房子烧掉……在总设计师陈向宏的主导下，新的乌镇开始重建。政府拆迁了1 350户人家，给老屋安装上现代化供水系统，甚至将其他地方拆迁的旧式建筑嫁接到乌镇内。重建后的乌镇恢复了百年前的外观风貌，保留了"梦枕江南"的水乡神韵。2001年有台湾客人来乌镇，问陈向宏，乌镇为什么保留这么完整？陈向宏笑着说"拆出来的"。(华商韬略《一场大火烧出来的奇迹》)

想一想：有人认为1999年的大火是乌镇的一场灾难，但乌镇人却以此为契机，完成了乌镇的现代化改造，实现了它的浴火涅槃。请结合所学，谈谈你的看法。

单元三　文旅融合赋能乡村振兴

——以浙江嘉兴横港村为例

一、文旅融合赋能乡村振兴的时代背景

农业强不强、农村美不美、农民富不富，决定着亿万农民的获得感和幸福感，决定着我国全面建成小康社会的成色和社会主义现代化的质量。为加快补上农业农村发展短板，党的十九大提出实施乡村振兴战略，作为七大战略之一写入党章。随后，中共中央、国务院印发《关于实施乡村振兴战略的意见》，对实施乡村振兴战略做出全面部署。

为全面贯彻乡村振兴战略，落实《中共中央国务院关于做好2022年全面推进乡村

振兴重点工作的意见》，以文化产业赋能乡村经济社会发展，文化和旅游部、教育部、自然资源部、农业农村部、国家乡村振兴局、国家开发银行联合印发的《关于推动文化产业赋能乡村振兴的意见》，将文旅融合列入文化产业赋能乡村振兴重点领域。在国家政策的大力推动下，文化旅游在乡村建设中掀起一股热潮，得到游客青睐，给文旅发展提供了契机，也为乡村振兴提供了新思路。培育乡村发展新动能，做深做强文旅融合新篇章，助力乡村振兴，既是历史机遇，更是时代使命。

二、横港村：文化艺术融入乡村发展

近年来，在深入实施文旅赋能，强化"文旅+"深入融合引领，推动文旅与农业融合发展的政策推动下，涌现了不少文化和旅游深度融合的示范村，浙江嘉兴横港村就是其中的一例。横港村位于浙江嘉兴乌镇东南部，2013年以前这里曾是一个生态环境污染严重的"养鸭村"。在认真践行"绿水青山就是金山银山"的发展理念的前提下，横港村凭借其优越的区域位置、丰富的土地资源，在国家乡村振兴战略的引导下，用艺术和文化赋予乡村新能量，逐渐探索出一条发展生态产业，建设美丽乡村的有效路径，具体来说主要体现在以下方面：

（1）横港村用"艺术+建筑"，推动乡村建筑设计的改造。横港村将乡村文化通过艺术的形式融入乡村旅游开发中。例如，村中的游客接待中心——小鸭艺术中心，就是一个独具特色的建筑。它是设计师就地取材，由一间破旧鸭舍改造而来，改造后的鸭舍成为一个集游客集散、休憩、咨询、接待、亲子互动于一体的综合性活动空间。另外，横港村的不少老房子也改造成民宿，民宿建设充分融入当地文化元素，保留传统建筑特色，形成了独具一格的乡村旅游空间。

（2）横港村用"艺术+生态"，形成特色文旅发展模式。横港村利用文化艺术，将田间地头进行了空间肌理的全面改造，把47亩田地、荒地改造成由花海、果蔬、自然教育、神秘花园和农耕区五大区域组成的莫奈花园，不仅有效地改善了乡村风貌，也为后续的自然研学及亲子游活动等创造了丰富有趣的体验空间。

（3）横港村用"艺术+亲子教育"，形成具有特色的教育产业。横港村抓住蓬勃发展的亲子教育市场，将原本的田园荒地、农产品与亲子活动相结合，打造了一个集亲子农事体验、手工体验、亲子互动于一体的亲子游乐场所。村中还积极筹办乡村音乐节、乡村农事体验活动，全方位宣传乡村文化。经过多年努力，横港村形成了以艺术化和亲子游为核心的"艺术+亲子教育、艺术+文创、艺术+院子、艺术+花园、艺术+农业"五位一体的文旅发展模式如图 8-3 所示，极大地丰富了横港村的文化旅游活动内容，实现了高格调艺术与美丽乡村建设的完美结合。

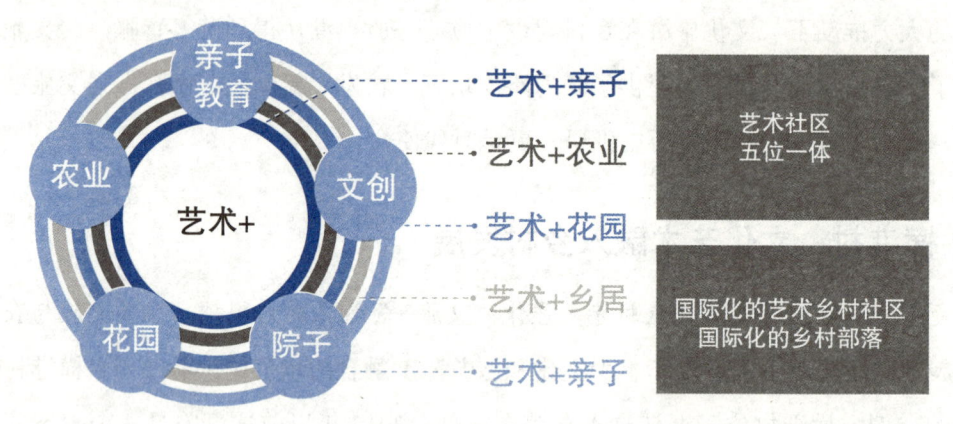

图 8-3　横港村五位一体的文旅发展模式

（图片来源：乌镇五公里处，艺术介入乡村的复兴奇迹 [EB/OL].）

在政府助力、文化和艺术赋能等多重举措下，横港村 2019 年被评为浙江省 3A 级景区村庄，2020 年，横港村累计接待游客 2.1 万人次，旅游营业收入突破 350 万元。不仅扩大了横港村的知名度，也有效地提升了村民的生活水平。

因此，从上述案例中也可以发现，在推进乡村文旅融合的过程中，一是要深挖乡村文化资源，增加乡村文旅融合厚度。具有地方特色的地形地貌、水域景观、特殊气象、历史遗址、传统饮食、传统服饰、民俗节庆、名人逸事、故事传说、文化记忆等都可以作为乡村文化挖掘的对象，要将这些元素中的文化成分进行串联，形成富有乡村特色的乡村文化体系。二是要优化文旅产品结构，加深乡村文旅融合深度。产品是乡村文旅融合的载体，因此要强化乡村产品体系建设，不断延伸乡村文旅产业链。增强文化在民宿、餐饮、乡村景观等基础旅游产品中的渗透力度，做优文旅融合衍生产品，提高文旅体验产品比重，增设乡村文化讲堂、深度农耕、手工艺作坊等体验性项目，提高游客参与度。三是要创新文旅营销方式，扩展乡村文旅融合广度。营销是推广乡村文旅融合成果的重要途径，因此要结合乡村实际，选择适当的营销组合路径，打响乡村文旅融合品牌。只有这样，在乡村振兴的大背景下，文旅深度融合才能真正有效促进乡村振兴战略的进一步落实。

视频：深化文旅融合，助力乡村振兴

> **课堂思考**
>
> 乡村旅游市场竞争激烈,结合本单元的学习,针对你的家乡或你所熟悉的一处乡村旅游点,谈谈你会给他们怎样的营销建议。

单元四 大学生乡村振兴创意大赛案例

一、大赛背景

为认真贯彻落实《国家乡村振兴战略规划(2018—2022年)》《中共中央国务院关于全面推进乡村振兴加快农业农村现代化的意见》等文件精神,引导广大青年学生了解乡村、热爱乡村、服务乡村,提升广大学生的创新创业能力、实践能力和团队合作能力,投身乡村振兴事业。全国各地以"政校企村"四位一体的模式,通过组织高校学子参与乡村振兴创意大赛,逐渐走出了一条"竞赛驱动"青年学子服务乡村振兴的新路径。

二、第五届浙江省大学生乡村振兴创意大赛案例分享

为积极响应党中央和国务院乡村振兴发展战略号召,由浙江省教育厅、省农业农村厅等指导,中国建设银行浙江省分行特别支持,嘉兴学院和淳安县人民政府承办的第五届浙江省大学生乡村振兴创意大赛,于2022年5月24日全面启动,大赛以解决乡村的实际问题为导向,坚持"乡村出题、高校答题、真题真做、成果落地"的理念,引导青年大学生争做乡村振兴和共同富裕的宣传者、实践者和推动者。

参与本次比赛的共有来自浙江省86所高校的37 620名师生,参赛作品涵盖产业创意、规划设计、人文公益等方面,共计4 180件,通过专家评委评审,角逐出金奖58项、银奖117项。其中,笔者与同事组织学生策划的"梅陇藏古物,创意续新篇"项目也取得了大赛金奖的好成绩,在此,就本次参赛项目的具体实施情况做如下分享:

本次比赛,我们团队选择的是浙江义乌市义亭镇的梅陇里村,梅陇里村是一座拥有

八百多年历史的古村。这里历史悠久,文化独特,素有"黛瓦青砖马头墙,飞檐翘角古韵扬"之美誉。村内拥有国家级非物质文化遗产红糖加工工艺及抽粉干、鱼花等非物质文化遗产。实际上,鲜为人知的是梅陇里还是一个古玩资源十分丰富的地方。这里的古玩经营有着 30 多年的历史,全村 800 余户村民中在巅峰时期共有 130 余户从事古玩经营行业,古玩藏品畅销海内外,村内至今仍有 30 多户长期从事古玩交易的商户,独特的文化资源为梅陇里文创产业的发展提供了得天独厚的优势。但是,通过前期的调研,我们发现村内存在古物资源无明显的品牌标识、无系统的活动策划,普通话普及程度不高,景区景点缺乏介绍,游客游玩体验较差等问题。

为了深入贯彻落实习近平总书记"让文物活起来"的重要精神指示,"推动中华优秀传统文化创造性转化、创新性发展"。本项目针对梅陇里村存在的问题,立足梅陇里村深厚的文化底蕴,深入挖掘其丰富的古物特色资源,打造梅陇里村古玩文化品牌;实现文化品牌的多场景应用,彰显古村新形象;以古玩文创产品以及文化空间连接村内主要游览景点,让地域文化形象可视化、传统工艺当代化、本土产业共创化,有效激活古镇资源,以点带面,文旅融合,助力乡村新发展。在项目的具体实施中,重点突出以下几点:

(1)以古玩为依托,提取创意元素,打造梅陇新品牌。结合村内丰富的古物资源与文化特色,利用专业所学提炼出其中的纹路、花样等元素,挖掘其中丰富的文化内涵,设计品牌 Logo(图 8-4)与 IP 形象,打造梅陇古玩特色金名片。

图 8-4 梅陇品牌 Logo

(2)以品牌为标识,多元场景应用,彰显古村新形象。将品牌标识与村内非遗技艺相结合,打造红糖礼盒(图 8-5),文创产品,盲盒系列等,同时,将梅陇品牌标识运用到村中文旅产业的方方面面，利用品牌的影响力，整合碎片化资源，设立专属古玩节摊位，统一的商户门楣等，让陇头朱村古玩产业规范化、统一化，用创意彰显古村新形象。

图 8-5　红糖礼盒包装图

（3）以文创为衍生，文旅融合发展，绘就乡村新画卷。以文创衍生品为依托，打造赏古物、观古建、购文创，文旅观光一体化，周边研学多元化的文旅融合产业。创建文化共享空间区域，形成古镇旅游核心吸引力的全面升级，实现具有古镇特色的旅游标识，增强游客的互动性、参与性和体验感。瞄准艺术民宿、网红打卡点、非遗项目、文创产品等主攻方向，在村落里逐步建起"文艺化、品牌化、潮流化"的特色文旅生态圈，打造一批形态多元的文旅 IP，实现"全域旅游"新目标。

（4）通过线上线下联动，全方位推广品牌知名度。我们在国家级平台中青网等多家媒体平台，以文字、图片、视频等推广模式，进一步扩大了梅陇里村的知名度和社会影响力，打造梅陇古玩的金名片。同时利用品牌效益，将 10% 的品牌加工费纳入梅麓基金（该基金于 1998 年由梅陇里村的几位乡贤共同发起，以河神朱之锡、号梅麓公命名）资助村内品学兼优学子，反哺村内公益教育事业。同时，也通过校地共建的方式，设立四点半课堂，让非遗大师走进当地中小学，实现非遗教育资源共享，促进梅陇里村产学研一体化基地的建立。

通过以上举措，一方面，树立了梅陇里村古玩的品牌形象，彰显了古村新面貌，吸

文化产业管理：理论与实践

引了更多游客的观光和游览，扩大了古村的知名度；另一方面，也将学生的课堂知识和社会实践紧密地结合起来，充分激发了学生们的创造力和想象力，培养了当代大学生服务乡村、建设乡村的实践能力与奉献精神。

视频：乡村振兴创意大赛案例

课堂思考

结合你的旅游经历谈谈，哪个乡村的游历让你印象深刻？为什么？

思政园地

党的二十大报告提出："坚持以文塑旅、以旅彰文，推进文化和旅游深度融合发展。"坚持以文塑旅，就是要以社会主义核心价值观引领旅游业创新发展，让民族复兴、人民幸福的中国梦成为旅游业高质量发展的新动能。坚持以旅彰文，就是通过绿色旅游和文明旅游，推动中华优秀传统文化活起来、革命文化传下去、社会主义先进文化弘扬开。在当前和今后一个时期文化和旅游深度融合的工作方针，就是要使两者优势互补、相得益彰，让"诗"和"远方"在共创美好生活中"融"得自然、"合"得协调，让文化建设和旅游发展更好地满足人民日益增长的美好生活需要。

模块自测

一、单选题

1. 乡村旅游最根本的核心吸引力是（　　）。

   A. 先进性　　　　　　　　　B. 现代性

   C. 科学性　　　　　　　　　D. 乡村性

2. 国家旅游局和文化部合并，组建文化和旅游部作为国务院组成部门，而不再保留原文化部、国家旅游局，这一改革发生在（　　）年。

   A. 2019　　　　　　　　　　B. 2018

   C. 2020　　　　　　　　　　D. 2021

3. 乡村旅游发展的"中枢"是（　　）。

   A. 旅游服务　　　　　　　　B. 旅游管理

   C. 旅游资源　　　　　　　　D. 旅游产品

4. 以下不属于乡村旅游新业态类型的是（　　）。

   A. 农家乐　　　　　　　B. 国家农业公园

   C. 休闲农场　　　　　　D. 乡村民宿

二、判断题

1. 目前，我国乡村旅游存在的主要问题是产品单一、深度化低、宣传策划能力低。
（　　）

2. 从"局域小旅游"向"全域大旅游"转变，从乡村观光向乡村休闲度假再向体验乡村生活方式转变，是新时期乡村振兴发展的必然趋势。（　　）

三、讨论题

"香格里拉"是世外桃源，人间天堂的代名词。通过本模块所学，结合你的生活经历，请问你心目中乡村旅游目的地里的"香格里拉"是怎样的，和我们一起分享一下吧。

参考文献

[1] 赵晶媛. 文化产业与管理 [M]. 北京：清华大学出版社，2021.

[2] 秦宗财. 文化创意产业品牌理论与实务 [M]. 合肥：中国科学技术大学出版社，2021.

[3] 张迺英，巢莹莹，钱伟. 文化创意产业管理与实务 [M]. 上海：同济大学出版社，2020.

[4] 唐建军. 文化产业项目管理 [M]. 福州：福建人民出版社，2019.

[5] 陆耿. 文化产业项目策划与实务 [M]. 合肥：中国科学技术大学出版社，2018.

[6] 刘吉晨，白宇. 文化产业经营管理案例解读 [M]. 北京：中国传媒大学出版社，2019.

[7] 张立波. 文化产业项目策划与管理 [M]. 北京：北京大学出版社，2018.

[8] 张胜冰，马树华，徐向昱，等. 文化产业经营管理案例 [M]. 青岛：中国海洋大学出版社，2007.

[9] 何鸿，黄骏. 艺术品市场管理与研究 [M]. 杭州：中国美术学院出版社，2015.

[10] 殷亚丽，胡晓明. 文化产业案例 [M]. 广州：中山大学出版社，2021.

[11] 王忠. 文化产业项目管理案例分析 [M]. 武汉：华中师范大学出版社，2016.

[12] 李飞. 别让收藏玩死你浙江 [M]. 杭州：浙江古籍出版社，2014.

[13] 埃里克·乔基姆塞勒，等. 品牌管理 [M]. 北京新华信商业风险管理有限公司，译校. 北京：中国人民大学出版社，2001.

[14] 沈婷，郭大泽. 文创品牌的秘密：从创意、设计到营销 [M]. 南宁：广西美术出版社，2017.

[15] 李艳.文化产业的品牌管理[J].理论建设,2008(4):78-79.

[16] 章利国.艺术品市场学[M].杭州:中国美术学院出版社,2005.

[17] 蔡尚伟,刘锐.文化产业比较案例[M].北京:中国传媒大学出版社,2009.

[18] 依丽非热.文化产业管理政府职能研究问题[D].西安:西安建筑科技大学,2021.

[19] 林拓,李惠斌,薛晓源.世界文化产业发展前沿报告(2003—2004)[M].北京:社会科学文献出版社,2004.

[20] 石佳鑫.长春西西弗书店赋予营销策略研究[D].长春:吉林大学,2021.

[21] 刘吉发,岳红记,陈怀平.文化产业学[M].北京:经济管理出版社,2005.

[22] 曹意强.艺术管理概论[M].杭州:中国美术学院出版社,2007.

[23] 方彦富.国内外文化产业管理若干模式探究[J].亚太经济,2009(06):48-52.

[24] 司晴川.文化产业管理体制比较研究[D].武汉:武汉大学,2014.

[25] 詹一虹,周雨城.中国文化产业的管理问题及优化路径[J].广西社会科学,2017(01):182-186.

[26] 王曦."十三五"时期我国图书出版业发展状况盘点[J].科技与出版,2020(09):18-25.

[27] 王曦.新中国成立以来我国图书出版业发展数据分析[J].出版发行研究,2020(06):90-98.

[28] 王芳,周盈.基于SIVA视角的西西弗书店营销策略探究[J].出版广角,2020(03):88-90.

[29] 林岩松.北京故宫博物院纪录片的创新传播研究——以《我在故宫修文物》为例[J].传播力研究,2020,4(09):65-66.

[30] 梁延芳.新媒体时代中国纪录片的叙事策略分析——以《我在故宫修文物》为例[J].戏剧之家,2019(04):103-104.

[31] 许泽华.国产纪录片的成功路径分析——以《我在故宫修文物》为例[J].声屏世界,2021(02):82-83.

[32] 李颢宇.从《我在故宫修文物》看国产纪录片的成功之道[J].出版广角,2020(08):73-75.

[33] 周晓红.国内民营美术馆向公益美术馆转型的可行性分析[J].美与时代（上），2013（11）：136-138.

[34] [法]让·鲍德里亚.消费社会[M].刘成富，全志钢，译.南京：南京大学出版社，2014.

[35] 李燕君.对话国大城市广场：如何将"现代人的趣味主义"照进现实.[EB]/[OL]. http：//www.soupu.com/news/705007. 2017-07-20 11：42：00.

[36] 茅宏坤.中国当代美术馆的新理念——美术馆的品牌与营销[J].美术，2008（11）：89.

[37] 冯文华，赵栋.新时代民营美术馆经营模式的创新与转型——以杭州国大·恒庐美术馆为例[J].书法赏评，2018（06）：75-78.